J'ARRÊTE DE RÂLER !

Groupe Eyrolles
61, bd Saint-Germain
75240 Paris Cedex 05

www.editions-eyrolles.com

Illustrations : Lili la baleine
www.lililabaleineverte.fr

Collection dirigée par Anne Ghesquière – Fondatrice du magazine FemininBio.com
www.FemininBio.com

Cette collection propose des sujets tournés vers *l'être au lieu d'avoir* pour replacer la relation à soi et à l'autre au centre de tout.

Dans la même collection :

Charlotte Poussin
Apprends-moi à faire seul

Christophe Chenebault
Impliquez-vous !

ISBN : 978-2-212-54973-7

CHRISTINE LEWICKI

J'ARRÊTE DE RÂLER !

Illustrations de Lili la baleine

Vingt-deuxième tirage 2013

À Philippe, mon mari, l'Amour de ma vie

PRÉFACE

Râler est une attitude, une habitude de l'esprit souvent liées à la culture ambiante. À Bali ou à l'Île Maurice, les gens ne râlent pas car ils acceptent ce que la vie leur offre sans chercher à le qualifier de positif ou négatif. Aux États-Unis, on râle assez peu, mais pour d'autres raisons : on préfère agir...

En France, on râle beaucoup. Jean Cocteau disait de nous « *Les Français sont des Italiens de mauvaise humeur* ». Dans une société verticale comme la nôtre, critiquer donne le sentiment d'être « mieux » que ceux que l'on critique... C'est d'ailleurs aussi ce qui, étrangement, nous interdit d'être positifs : un sondage publié à l'automne dernier révélait que 41 % des Français pensaient qu'ils passeraient pour des imbéciles s'ils étaient aimables... Et cet état d'esprit ne date pas d'hier. En 1963, Michel Audiard faisait dire à Jean Gabin dans *Mélodie en sous-sol* : « *L'essentiel, c'est de râler. Ça fait bon genre.* »

Mais il y a sans doute une autre raison, tout à fait inconsciente : râler permet de se soulager de sa propre imperfection... ou plutôt de ce que l'on croit être de l'imperfection. Dans une société où il est habituel, dès l'enfance, de mettre le projecteur sur les erreurs de l'élève en cours d'apprentissage au lieu de valoriser ses réussites, ne programme-t-on pas le manque d'estime de soi de l'adulte en devenir ?

Le râleur obtient quelques rares bénéfices secondaires à son attitude, mais il ne sait pas qu'en s'exprimant de la sorte, c'est son propre malheur qu'il creuse au quotidien. Si râler compense superficiellement certaines blessures de l'ego, il ne les répare point...

Tout le monde peut, à un moment ou un autre, se laisser prendre dans cet engrenage infernal qui peut vite devenir un mode de fonctionnement si l'on n'y prend garde. Mais la seule prise de conscience ne suffit pas : car le risque est alors d'en rajouter en... râlant contre soi-même. Dès lors, la seule question pertinente est : « comment s'en libérer » ?

Pour tous ceux qui ne souhaitent pas passer quinze ans sur le divan qu'ils délaisseraient un jour en râlant contre leur psy, Christine Lewicki a écrit ce livre. Il a un grand mérite, une caractéristique irremplaçable qui en fait un ouvrage incontournable : son auteur connaît le sujet pour avoir elle-même bravé le problème... Bref, elle sait de quoi elle parle ! Ainsi, loin d'être l'œuvre d'un théoricien détaché posant un regard froidement analytique sur un phénomène étranger afin de formuler les recommandations raisonnées issues d'une démarche purement intellectuelle, ce livre s'appuie au contraire sur un vécu, une réalité sensible, une confrontation avec le quotidien : il a le goût, l'odeur et la force de l'expérience. C'est notamment ce qui en fait un livre précieux, un livre *nécessaire*. Pas seulement pour soi : pour le monde. Car râler, c'est tirer tout le monde vers le bas en mettant l'attention de chacun sur ce qui ne va pas. *What you focus on expands*[a], disent les Américains. À force de relever problèmes, oublis, défaillances, imperfections et autres défauts, à leur donner l'importance qu'ils n'ont pas, on leur offre l'occasion d'envahir nos existences.

a Ce sur quoi vous vous focalisez tend à s'étendre.

Et c'est la vie elle-même qui s'embrume alors du parfum de la déception et revêt la teinte morose de l'insatisfaction.
Finalement, on ne devrait pousser qu'un seul râle dans la vie : le dernier.

Laurent Gounelle

Laurent Gounelle est auteur de contes philosophiques.

JE ME SUIS LANCÉ UN CHALLENGE : « J'ARRÊTE DE RÂLER »

PARTIE 1

#01 COMMENT TOUT A COMMENCÉ

Pour être parfaitement honnête, je ne me souviens plus exactement comment tout a commencé. En arriver à ce challenge est le résultat de toute ma vie. Ce que je peux vous dire, c'est que petit à petit, entre le printemps 2009 et le printemps 2010, a germé le désir de faire ce challenge d'arrêter de râler. Il a fallu du temps pour que mûrisse la décision, et ce n'est qu'en avril 2010 que j'ai eu le déclic (*lire plus loin*) et que je me suis lancée. Voici les détails de mon cheminement et les raisons qui m'ont amenée à vivre cette aventure extraordinaire.

MOI LA RÂLEUSE

Ce qui m'a donné envie de me lancer ce challenge est finalement la prise de conscience que, alors que je suis d'ordinaire plutôt positive, je me retrouvais bien trop souvent à mon goût dans des situations de frustration ou d'énervement, des moments où je me voyais en victime et... je râlais.
À plusieurs reprises j'ai remarqué que le soir, je me couchais fatiguée et vidée par tout ce que j'avais « subi » au long de la journée. J'avais l'impression d'avoir ressenti toute cette journée comme une lutte permanente pour préparer les enfants pour l'école, avancer dans mon travail, être à l'heure, gérer la logistique de la maison et de mon travail et les différents conflits. Je me couchais en me demandant si j'avais eu des moments de qualité au cours de cette journée. Et le bilan était plutôt négatif.

Pourtant ma journée avait été plus ordinaire. Rien de grave n'était arrivé. Au contraire ça avait été une journée normale, le quotidien...
Je me suis demandé alors ce qui m'empêchait de profiter de ma vie quotidienne. Les jours se suivaient les uns les autres, trop gris, et j'avais tendance à me dire que, plus tard, quand mes trois enfants seraient plus grands (surtout la petite dernière), quand mon entreprise serait plus développée, quand je pourrais prendre plus de temps pour moi, quand je serais en vacances, quand j'aurais ma famille pour m'aider cet été, etc. Bref, plus tard, seulement plus tard, je pourrais vivre plus sereinement, mieux.
Puis j'ai commencé à me dire : pourquoi attendre demain pour me sentir plus heureuse ? C'est dommage tout de même, parce que le quotidien, c'est ça la vraie vie, non ?
« *Hier n'est plus, demain n'existe pas... Seul aujourd'hui existe.* » Ce sont les paroles d'un sage. Je les avais certes déjà entendues, mais dès lors je me suis décidée à les mettre en pratique.
Je suis une « mampreneur[1] » et mes journées sont chargées entre mon entreprise (O Coaching), mes trois enfants qui vont dans trois école différentes, les activités de chacun (piscine, guitare, piano...), mes responsabilités bénévoles au bureau des directeurs de la Fédération de coaching de Los Angeles (ICFLA), ma vie de femme, d'épouse, de maman... le tout à 10 000 km de tout soutien familial dans une ville tentaculaire où tout va très vite !
Alors que je me retrouvais le soir dans mon lit, donc, la tête sur l'oreiller, les yeux grands ouverts, je cherchais comment faire en sorte que mon quotidien soit source de plus de légèreté et de satisfaction dès à présent, alors que beaucoup de choses semblaient chaotiques dans ma vie.
Nous vivons tous des moments particulièrement joyeux et heureux. Les week-ends, les vacances, les fêtes, les dîners avec les

1 Contraction de « maman » et « entrepreneur ».

copains qui se finissent en éclats de rires, les sorties en amoureux, les mariages, les voyages... Mais aussi tous ces précieux petits moments comme un massage, un moment où l'on prend soin de soi. Tous ces moments sont des instants de bonheur et de plénitude qui nous sortent de notre train-train quotidien. Mais il faut bien reconnaître que ce sont des bonheurs aux durées relativement limitées, et malheureusement conditionnés par un contexte extérieur rare, sinon exceptionnel.

Et qu'en est-il du reste de notre vie ? Notre quotidien bien plus banal et rythmé par nos différents engagements... En y réfléchissant, j'ai réalisé quel grand gâchis c'était de laisser s'écouler sans leur trouver d'attraits toutes ces heures « normales » de ma vie, et encore plus de les subir.

Je veux du bonheur quotidiennement... car je sais qu'un jour ou l'autre je vais mourir. Chaque minute est extrêmement précieuse. Ma vie est un cadeau et je compte bien en profiter pleinement.

Je me suis rendu compte que ce qui me minait le plus, c'était tous ces moments où je râlais. Faire les choses en bougonnant, s'énerver sur son ordinateur, râler dans sa voiture, se raconter les derniers potins avec les autres, se plaindre des enfants, soupirer, bougonner, chigner, râler... Cela me polluait la vie et, soyons réalistes, c'était tout à fait stérile.

Toujours la tête sur mon oreiller, scrutant la lampe au-dessus de mon lit je m'interrogeais sur ma vie. Je suis le genre de personne à toujours dire que « la vie est belle », alors pourquoi râler ? Je n'étais pas dépressive, mais en bonne santé, plutôt joyeuse et positive, heureuse dans mon mariage, gaga de mes enfants, j'adorais mon métier... Et pourtant, quelles que soient les circonstances, je trouvais encore le moyen de râler et de me coucher vidée, frustrée, lessivée...

« La sensation d'être heureux ou malheureux dépend rarement de notre état dans l'absolu, mais de notre

perception de la situation, de notre capacité à nous satisfaire de ce que nous avons. »

Le Dalaï-Lama

C'est alors que je me suis dit : et si j'arrêtais de râler, tout simplement ? Oui, je sais, j'ai écrit « tout simplement », mais je sais à présent que j'écris ces lignes après avoir réalisé le challenge que ce n'est pas si simple. L'idée est surtout de choisir entre philosopher sur le bonheur, lire plein de livres et aller à des séminaires sur la question, ou bien de décider aujourd'hui de commencer à faire tout ce que l'on peut pour le vivre, en commençant par s'engager à ne plus râler du tout pendant 21 jours consécutifs ! Et ensuite, voir ce qui se passe !

Aux États-Unis, où je vis depuis dix ans, ce genre de challenge en 21 jours pour arrêter de râler (ou fumer, se mettre à méditer, perdre du poids, exprimer sa gratitude...) est assez courant[2], et je me suis dit « je ne peux plus reculer, je dois le faire moi aussi jusqu'au bout, pour moi, ma vie, ma famille ». Je vous donne plus de détails sur le « pourquoi » des 21 jours dans la troisième partie de ce livre.

Quand j'ai commencé mon challenge, je n'avais aucune idée d'à quel point je râlais (ça a été un choc quand je m'en suis rendu compte !!!), ni de ce que son accomplissement allait m'apporter.

MOI ET LES RÂLEURS

J'ai aussi eu envie de me lancer dans ce challenge après avoir remarqué à quel point les personnes qui râlent autour de moi accaparent mon énergie. Quand je côtoie un râleur dans mon quotidien, en ville, dans mon travail, dans ma maison, cela m'af-

2 Les plus connus sont ceux proposés par Edwene Gaines dans son livre *The four Sprituals laws of Prosperity* et Will Bowen dans son livre *A Complaint Free World.*

fecte beaucoup. Je suis sensible à ces « ondes » négatives que ces personnes dégagent et qui polluent ma journée. Soit je ressens leur fureur, soit j'ai beaucoup d'empathie pour leurs plaintes, parfois même je me sens coupable et me demande si ce n'est pas de ma faute s'ils râlent !
Et vous, avez-vous des râleurs dans votre vie ? Comment vous sentez-vous quand vous les entendez se plaindre ?
Pour moi, ça a été une prise de conscience. Cette sensibilité que je ressens autour des râleurs m'a fait réaliser l'importance de moins râler moi-même pour mon mari, mes enfants, mes amis, mes relations professionnelles ou encore mon équipe.
Si je suis aussi sensible aux râleries des autres, alors je dois changer.

LE DÉCLIC

Je me souviens précisément du jour où j'ai eu le déclic et décidé de me lancer pour de bon. La conversation avec moi-même dans mon lit avait eu lieu quelques semaines auparavant, mais je n'avais pas encore eu le courage de me lancer. Vingt-et-un jours consécutifs sans râler, c'est un gros défi. Je m'étais donné une multitude d'excuses : pas le temps, pas le bon moment, pas envie de me stresser avec une obligation supplémentaire, ni de me donner une nouvelle contrainte.
Et pourtant un jour, alors que nous étions avec une bande d'amis très proches, j'ai eu ce déclic. Nous étions tous ensemble autour d'un repas chez mon amie Sabine, qui avait la gentillesse de nous recevoir. Un beau repas du dimanche avec toute une ribambelle d'enfants qui couraient partout, pendant que les parents prolongeaient le festin autour d'un café. C'est alors que nous avons commencé à parler des gens qui râlent tout le temps. Nous sommes tombés d'accord, c'est minant d'être entouré de râleurs. Et là, je me suis entendu dire : « Ah les gens qui râlent tout le temps, c'est franchement nul, ils perdent

leur temps... ». Tout à coup, j'ai eu un flash, j'ai pris conscience que j'étais en train de râler sur les râleurs !

Il m'a fallu cette prise de conscience pour décider d'agir, de sortir de cette spirale, de cette habitude qui ne me convient pas. Et c'est ainsi que le challenge « J'arrête de râler » est né. J'ai fait une petite vidéo, et je l'ai postée sur un blog tout frais (www.jarretederaler.com), j'ai diffusé le lien sur les réseaux sociaux... et l'information a commencé à circuler. Au bout de quelques jours, plusieurs blogueurs connus véhiculaient à leur tour le message, puis j'ai été invitée sur RMC dans l'émission *Deux minutes pour convaincre*. Quelques semaines plus tard la presse (le mensuel *Psychologies* et l'hebdomadaire *Le Pèlerin*) publiait des articles sur mon blog. Manifestement, ce challenge n'intéressait pas que moi ! Et maintenant, si vous avez ce livre entre vos mains, c'est que ce message vous parle à vous aussi !

J'ai choisi de ne pas faire cette démarche en cachette, dans le silence. Avec le blog, j'ai voulu la partager, dire haut et fort mon cheminement afin d'être soutenue. Le blog a eu cet effet, il m'a permis de faire un bilan quotidien et d'échanger avec mes lecteurs pour tirer les leçons de ce challenge. Vous trouverez d'ailleurs à la fin de ce livre des exercices et une trame de questions qui vous permettront de faire ce bilan et d'en tirer des leçons.

MERCI GANDHI

En démarrant ce challenge, je me suis sentie guidée par la sagesse de Gandhi : « *Soyez le changement que vous voulez voir dans ce monde.* »

L'idée est de se changer soi-même plutôt que de passer son temps à critiquer les autres. Si je suis agacée par les gens qui râlent, alors je dois commencer par arrêter de râler, car ce n'est pas en faisant la morale qu'on change le monde, c'est en montrant l'exemple. Je ne peux prétendre changer les autres, mais une chose est sûre : je peux changer.

#02 LA FACE CACHÉE DE NOS RÂLERIES

En avril 2010, lorsque je me suis lancée dans ce challenge, je me suis engagée à poster une vidéo par jour sur mon blog pendant 30 jours minimum. J'ai voulu faire un debriefing en vidéo de mes journées, informer mes lecteurs si j'avais râlé ou non, et surtout tenter d'analyser ce qui s'était passé. Avant de filmer chacune d'entre elles, je me posais les questions suivantes :

Si j'avais râlé, qu'est-ce qui m'avait amenée à râler ?
Si je n'avais pas râlé, qu'est-ce que j'avais changé pour y parvenir ?

Dans cette partie du livre, je voudrais partager avec vous le résultat de mes analyses et de mes recherches sur ce qui se passe en nous quand nous râlons et ce qu'on peut faire pour changer. Je crois profondément qu'en mettant en lumière notre fonctionnement interne, en levant le rideau sur la face cachée de nos râleries et en identifiant clairement ce qui nous amène à une telle réaction, nous pouvons mieux nous comprendre et améliorer notre quotidien « en conscience ».

LA QUÊTE DU BONHEUR

Aristote le résume très bien : « *Le bonheur est le but et la cause de toutes les activités humaines.* » Nous souhaitons tous le bonheur. C'est la plus grande quête de l'existence. C'est pourquoi, je crois profondément que tout ce que nous faisons dans la vie est lié à notre quête de bonheur, satisfaire ce besoin profond que nous avons en nous, même quand nous râlons :

quand nous râlons contre notre patron, nous cherchons à satisfaire notre besoin de respect ou de reconnaissance ;
quand nous râlons contre les politiciens, nous voulons que nos besoins soient pris en compte dans leurs décisions ;
quand nous râlons contre les autres conducteurs sur la route, nous manifestons notre besoin d'être à l'heure ou en sécurité ;
quand nous râlons contre nos enfants, nous aspirons en fait au calme, à la liberté, à l'ordre, au repos. Mais c'est aussi l'expression de notre besoin d'être rassuré sur l'éducation que nous leur donnons.

On se lève en ronchonnant, on râle plusieurs fois avant le petit-déjeuner, on peste dans les transports en commun ou en voiture, contre ses enfants, l'État, les administrations, notre patron, avec ou contre nos collègues, notre conjoint... Bref, tout le monde y passe.

Et pourtant, en râlant ainsi nous n'adoptons pas la stratégie la plus favorable ni la plus efficace pour accroître notre bonheur. Nous nous positionnons en victime (voir chapitre 4) et nous contentons de lever le ton ou de ruminer (parfois et même souvent encouragés par notre entourage).

AVONS-NOUS PEUR D'ÊTRE « DIFFÉRENT » EN CHOISISSANT LE BONHEUR ?

Avez-vous remarqué que très souvent on se plaint pour créer des liens avec les autres autour de nos malheurs ? On bâtit nos amitiés autour de nos points communs de râleries, on se solidarise. C'est encore plus vrai au travail ou dans les lieux publics. Se plaindre est aussi un moyen utilisé à longueur de journées pour casser ce silence inconfortable qui s'installe quand on est en présence de

personnes que nous ne connaissons pas. C'est le cas des conversations sur le temps qu'il fait – toujours peu clément ! –, dans les ascenseurs, ou encore sur les retards des trains ou des avions – jamais à l'heure.
Grâce à mon métier de coach et à mes recherches dans le domaine du développement personnel, je reçois chaque jour la preuve que la manière dont on choisit de vivre une situation crée notre réalité. En effet, bien que nous ne puissions pas toujours choisir ce qui nous arrive, nous pouvons cependant toujours choisir notre réaction. Et celle-ci impacte notre quotidien, notre vie.
À tout moment on a le choix de vivre sa vie comme on le souhaite, quoi qu'il arrive. Douleurs, échecs, galères, difficultés... On peut choisir de se considérer comme une victime impuissante ou être acteur de son bonheur. On peut choisir d'être accablé, ou de se prendre en main et savourer, célébrer ce que la vie nous donne.
Bien trop souvent en revanche, je remarque qu'on se sent mal à l'aise quand se pose la question de choisir le bonheur. C'est parce que nous sommes entourés de personnes qui préfèrent râler, se plaindre, se positionner en victime. Il y a comme une culture de la râlerie à tout-va, et choisir le bonheur, c'est finalement être « différent ».

« Il n'y a pas de honte à préférer le bonheur. »
Albert Camus, *La Peste*, Gallimard, 1947.

Cette culture nous pousse à râler pour soulager nos frustrations. Nous ne nous posons pas vraiment de questions, nous suivons le mouvement, faisant comme tout le monde, râlant comme tout le monde.
Pour moi, ce challenge a vraiment mis en évidence combien on a tendance à se sentir plus en sécurité quand on « communie » avec les autres autour de nos problèmes. Nous avons tellement l'habitude de râler ensemble que de prime abord, on pense que faire autrement nous ferait sortir de la norme, nous exclurait.

La norme est rassurante, on sait à quoi s'attendre quand on râle : recevoir de la compassion de la part de son interlocuteur, ou bien encore il/elle va alimenter notre propos et nous rejoindre dans notre souffrance.
De plus, une conversation composée de râleries reste en surface, elle permet de ne pas se dévoiler, ne menace pas les autres, car nous ne les invitons pas à joindre la conversation à un niveau plus profond ou plus élevé. Nous restons en surface à converser sur des choses négatives, sans prendre de risque. Avez-vous remarqué combien il est toujours plus facile de dire ce contre quoi on est plutôt que ce pour quoi on est ?
Parfois, dans nos petites conversations quotidiennes, on râle parce qu'on croit que si on parle de ce qui va bien pour nous, si on célèbre, notre bonheur va nous être pris ou que les autres vont nous regarder bizarrement et nous envier. Alors on choisit de focaliser son attention sur ce qui est dur, qui ne marche pas. Au bout du compte, nous créons tous des « festins » de râleries. Nous concentrons notre attention sur nos problèmes et, ce faisant, nous attirons plus de choses dont nous ne voulons pas dans notre vie.
Essayez vous-même, laissez-vous aller à râler dès le réveil et vous verrez que votre journée va être pleine de bonnes excuses pour continuer sur cette lancée.

OUTIL

Quand vous commencez le challenge, essayez de ne pas râler pendant la première heure qui suit votre réveil. Choisissez le bonheur et commencez votre journée sans râler, et vous verrez que votre journée sera pleine de merveilleuses raisons de continuer ainsi.

Dans les lieux que vous fréquentez, les ascenseurs, sur les quais de gares ou de métros… soyez attentif à ne pas contribuer aux râleries environnantes. Osez être différent, même autour de la machine à café !

Plutôt que de râler,
en se posant en victime...

Parlez aux personnes concernées, et exprimez clairement vos besoins.

Finalement en râlant par automatisme, nous cachons les vrais sujets sur lesquels nous pourrions avancer pour être plus heureux. Prenons le temps d'observer ce qui se cache derrière nos râleries.

ET SI ON COMMENÇAIT PAR DEMANDER CLAIREMENT DE L'AIDE

Combien de fois je me suis retrouvée à ruminer dans ma cuisine parce que tout le monde était parti vaquer à ses occupations et que j'étais seule pour finir de la ranger. Je râlais dans mon coin, en victime, une éponge dans une main et un balai dans l'autre.
Parfois on râle simplement parce qu'au fond on veut de l'aide, mais on préfère ruminer au lieu de le demander clairement. Ce challenge m'a beaucoup aidée car j'ai enfin compris que si je voulais arrêter de râler, c'était à moi de dire et d'affirmer mes besoins, de faire tout ce qui était en mon pouvoir pour recevoir l'aide que je désirais. J'ai décidé de demander clairement et fermement d'être aidée tous les soirs, et désormais nous débarrassons la table tous ensemble dans la bonne humeur.
Ou bien je râlais parce que ma maison était trop en bazar à mon goût et je ne me sentais pas assez aidée pour la ranger. À plusieurs reprises j'ai eu l'impression de réclamer clairement de l'aide, mais j'oubliais de m'assurer que mon message avait bien été reçu. Je demandais puis laissais couler, trop occupée que j'étais par ce que j'avais à faire. Vous vous reconnaissez dans ce portrait ? Par exemple, souvent, je me contentais d'appeler du bas des escaliers mes enfants qui étaient à l'étage, « *Venez ranger votre bazar sur la table du salon* », « *Venez m'aider à vider le lave-vaisselle* », forcément sans grand succès ! Ce qui est incroyable, c'est que j'ai fonctionné comme ça pendant des années, sollicitant des

personnes qui n'étaient même pas dans la même pièce que moi… Et j'espérais être entendue !
Autant dire que je créais moi-même des situations propices à la râlerie. Grâce à ce challenge, je suis maintenant consciente de l'importance de me déplacer et de regarder mon interlocuteur dans les yeux quand je réclame son aide, mais aussi de lui expliquer bien en détail ma demande.
Aujourd'hui, à la maison, on peut aller jusqu'à une petite négociation pour trouver un accord : « *Combien de temps te faut-il pour finir ton jeu ? Cinq minutes ? D'accord, alors ensuite tu descends tout de suite, car le dîner va être prêt et si on attend encore il sera trop cuit.* » Ou bien encore : « *Combien de temps te faut-il pour finir ton jeu ? Vingt minutes ? Cela va être trop long, le dîner va être trop cuit (ou froid) si on attend aussi longtemps, cela te va si tu le mets en pause pour le finir plus tard ?* »

OUTIL

Demandez clairement et fermement de l'aide. Soyez ouvert à la négociation et n'oubliez pas que, parfois, il est plus agréable d'inspirer les autres à nous aider plutôt que d'essayer de les forcer.

LIBÉRONS-NOUS DE NOS AUTOMATISMES

Regardez votre journée ou les quelques jours qui viennent de s'écouler. Y a-t-il une râlerie qui revient tout le temps ? Une râlerie qui est constante, toujours là et qui vous colle à la peau ? Personnellement, mes « râleries automatiques » ont été pendant des années : « *C'est le bazar !* » et : « *Viiiite, on va être encore en retard !* »
Les lecteurs du blog ont eux aussi partagé leurs râleries principales. Pour certains c'était : « *J'en ai marre* » ou : « *Ça me saoule.* »

Pour d'autres « *Pfffui, j'ai mal au dos* » ou « *je suis fatiguée* ». Voici leurs témoignages.

Témoignages

« J'ai l'impression qu'à partir du moment où j'ai décidé d'arrêter de dire "j'en ai marre", j'ai décidé en fait d'arrêter de voir toujours les choses comme des corvées. Comme tu le dis, cela devient un choix. [...] De façon plus générale, je crois que depuis que j'ai pris connaissance de ton blog, j'ai réussi à moins râler et donc à être plus agréable à fréquenter. »
Sabrina

« Ma râlerie automatique, c'est "j'suis fatiguée" (3 enfants dont le dernier qui ne fait ses nuits que depuis deux mois alors qu'il va avoir 3 ans, ça laisse des traces !), mais il est vrai qu'à force de le verbaliser, cela devient comme une seconde peau tant et si bien que mon grand m'a un jour rétorqué : "Mais maman tu es toujours fatiguée !" Depuis je me soigne, mais cette phrase ressort régulièrement et pas forcément pour exprimer de la fatigue ! »
Christine, de Lille

« Ma râlerie principale est en général sur les ordinateurs, je m'énerve, je crie, je peste, je fulmine quand la machine ne semble pas faire ce que je lui demande ou quand un site Internet ne me donne pas l'information que je cherche. Le pire, c'est quand j'ai oublié de sauvegarder mon travail et que je perds tout à cause d'un problème ou d'une fausse manipulation. Dans ces moments-là, je me mets dans tous mes états. Tous les jours je me retrouve à râler, et pourtant je sais bien que cela ne changera rien. Je me pourris la vie et je ne peux même pas espérer que cela va changer quoi que ce soit ! Quel gâchis ! »
Paul

Eh oui, il faut l'admettre, on a tendance à grogner toute la journée la même chose. On a tous une râlerie qui revient tout le temps. Il suffit de très peu pour la déclencher cette râlerie. C'est ce que j'appelle la râlerie réflexe. Celle qui sort toute seule sans raison profonde, celle qu'on marmonne à tous les coups quand on a une petite baisse de moral et qu'on essaie d'attirer l'attention ou la compassion. Finalement, tout cela ne sert pas à grand-chose.

OUTIL

Identifiez votre « râlerie réflexe ». Au début du challenge, pendant quelques jours pour commencer en douceur, concentrez-vous dessus pour ne plus l'exprimer. Si nécessaire, faites en sorte de soulager votre frustration. Si vous avez mal au dos, arrêtez-vous et prenez le temps de faire des étirements. Si vous souffrez d'être en retard, obligez-vous à partir 10 minutes plus tôt.

De même, avez-vous remarqué comme on se plaint aussi souvent automatiquement de nos fournisseurs ou des organismes d'État ? Sous prétexte que l'on est client ou citoyen, on s'autorise à se plaindre, on hausse le ton, on envoie des lettres agressives, on s'énerve pour obtenir d'être soi-disant mieux servi ou que nos droits soient mieux respectés. Cela donne l'impression que râler est la seule manière de changer les choses. Nous choisissons de développer un argumentaire menaçant, stérile et automatique pour faire valoir notre point de vue. Ou bien nous nous sentons victimes et passons notre temps à nous plaindre.
Personnellement, j'ai pu clairement constater qu'arrêter de râler m'a permis d'améliorer grandement mes relations avec mes fournisseurs et les différentes institutions avec lesquelles je travaille. Mon calme et ma détermination sont devenus mes atouts. Lorsque j'ai un problème, je m'en occupe clairement avec fer-

meté, mais sans râler. Je me présente comme étant désireuse de trouver une solution et ouverte à leurs propositions. Nous pouvons donc maintenir un état d'esprit de respect et de collaboration fructueuse.

Témoignage

« Alors que je travaillais pour un prestataire de services, nous avions souvent des clients mécontents car il faut avouer que nous avions des erreurs qui étaient commises dans notre processus. Certains clients venaient à nous en râlant de manière stérile par pur automatisme en se disant que c'était la seule manière d'obtenir quelque chose de nous, et d'autres venaient à nous en nous exprimant le problème et en appelant notre collaboration pour le résoudre. Finalement, je fais le constat que nous arrivions toujours à trouver des solutions pour ceux qui ne râlaient pas… Pour les autres, on était dans l'impasse. »

Olivier

RÂLER POUR RIRE

Nous usons de sarcasmes, faisons de l'humour sous forme de râleries pour attirer l'attention. Nous justifions nos propos négatifs par le fait qu'ils font rire. Et c'est vrai que, parfois, ils sont drôles ! Tout le monde apprécie les drames de la vie, et pourtant, une fois de plus, nous râlons et montrons aux autres que râler peut être gratifiant. J'ai même déjà entendu dire des choses très dures sur le ton de la rigolade. On enrobe un propos négatif ou un jugement brutal sous couvert d'humour, mais le message – et le malaise – n'en est pas moins présent.

OUTIL

Notez les fois où vous râlez sous couvert de la rigolade. Apprenez ensuite à faire la différence entre les vraies bonnes blagues et celles qui cachent en fait des moqueries, un message de frustration ou encore un jugement négatif.

RÂLER ET ÊTRE RÉSIGNÉ

On se sent victime et on ne voit aucune solution à nos problèmes. On préfère râler sur son sort et se dire que de toute façon il n'y a rien à faire... Bref, on est résigné. On développe un argumentaire disant que les autres sont mauvais et qu'il faut se méfier des gens car les « vraies valeurs » ont disparu... On généralise, on trouve sa situation inconfortable et on cherche un coupable.
Cela peut paraître anodin, mais en agissant ainsi on entre dans une spirale infernale : quand on est résigné, on reste coincé dans une situation donnée et rien ne change – au contraire, tout empire. On perd confiance, on tue l'espoir, on se méfie de tout et de tous, et la vie perd son sens. On cultive le côté dangereux de la vie plutôt que son côté généreux.

RÂLER POUR BRILLER

On diminue l'autre (le chauffard sur la route, un collègue au travail, le chef, etc.) pour tenter de démontrer qu'on lui est supérieur. C'est en fait l'expression d'un grand besoin de reconnaissance, d'un manque d'estime de soi.
À plusieurs reprises dans mon challenge, je me suis retrouvée dans ce genre de situation. Je râlais pour finalement conclure

« *Moi, je suis mieux* ». Si une voiture ne me laissait pas passer, par exemple, je traitais le conducteur de chauffard, ou bien si la préposée au guichet ne pouvait pas résoudre mon problème, je la qualifiais d'incompétente...
Le besoin de reconnaissance est primordial chez l'homme, et il ne faut surtout pas le négliger. Le psychologue Abraham Maslow s'est beaucoup intéressé à ce sujet lorsqu'il a voulu définir les leviers de la motivation. Pour cela, il a réalisé une étude approfondie auprès d'étudiants d'universités. De cette recherche est née sa célèbre hiérarchie des besoins humains décrits sous forme de pyramide[3] ci-dessous.

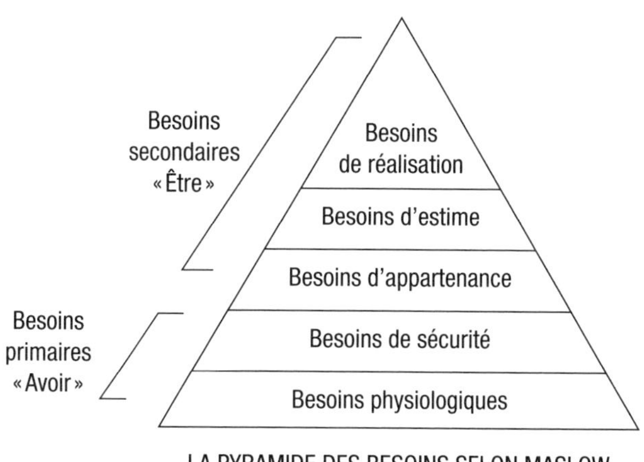

LA PYRAMIDE DES BESOINS SELON MASLOW

D'après lui, un besoin supérieur ne peut être pleinement satisfait qu'après la satisfaction des besoins primaires décrits dans la pyramide. Il estime que les besoins d'appartenance et d'estime doivent être comblés avant ceux de réalisation et d'accomplisse-

3 D'après Abraham Maslow, *L'Accomplissement de soi*, 1947.

ment. Or, aujourd'hui nous vivons nos vies à 300 à l'heure dans nos études, puis dans notre travail et nos projets, bref, dans tout ce qui pourrait satisfaire notre besoin de réalisation. Nous nous fixons des objectifs et des délais parce que nous voulons réussir, faire la différence, prouver aux autres notre utilité ou nos capacités... Et malheureusement, trop souvent, nous ne sommes pas au meilleur de nous-mêmes. Nous dérivons et nous râlons car nos besoins d'estime de soi et des autres, n'ont pas été comblés. Notre besoin d'estime doit être satisfait avant notre besoin de réalisation (et non pas le contraire !). S'attendre à recevoir de la reconnaissance des autres grâce à notre statut, notre réputation, au bout du chemin après avoir atteint nos objectifs est extrêmement difficile. Car il y a de fortes chances que nos objectifs ne soient jamais atteints dans ces conditions. Par exemple, imaginons que vous ayez une faible estime de vous et que vous essayez d'obtenir une promotion pour être enfin reconnu. Vous prenez donc en main un dossier clé en pensant que ce projet vous permettra d'être reconnu et enfin promu (ce qui augmenterait votre estime de vous). Vous verrez que vous risquez vite de vous essouffler et que vous aurez beaucoup de mal à boucler ce fameux dossier et à obtenir cette fameuse promotion car vous allez douter de vous-même, procrastiner (reporter au lendemain) et probablement aussi vous saboter vous-même en faisant un travail moyen qui n'est pas à la hauteur de votre potentiel. Si, au contraire, vous parvenez à remplir votre réservoir d'estime personnel au quotidien vous aurez alors plus de carburant pour vous réaliser.

« Les gens sont cons, les gens sont nuls, les gens sont méchants.
– Mais, vous savez, ils disent peut-être la même chose de vous !
– Ah ! Et en plus les gens sont médisants ! »

Le Chat, Geluck.

Quand le niveau du réservoir est trop bas, nous râlons car c'est un moyen de nous mettre en valeur, de gagner de l'estime. Pour obtenir de la reconnaissance nous tentons de nous mettre au-dessus des autres, à distance des autres. En disant par exemple : « *J'avais pourtant bien dit que cette idée était ridicule, on ne m'écoute jamais* » ou encore : « *Les gens conduisent n'importe comment* » (sous-entendu : « *Moi, je conduis bien* »). Râler est une stratégie pour générer de la reconnaissance, de l'estime. On se met soi-même au-dessus des autres. On veut briller. Ainsi d'une manière générale j'ai pu identifier qu'à chaque fois que vous parlez « des gens », vous pouvez être sûr que vous êtes en train de râler pour mieux briller.
Les lecteurs du blog s'en sont eux aussi rendu compte.

Témoignage

« Il est clair qu'on ne peut pas refaire le monde, les "ils" ne changeront pas pour nous, de même que nous sommes les "ils" des autres et qu'on ne veut pas forcément changer pour aller dans leur sens, moralité : arrêtons de râler sur les "ils", essayons juste de vivre en bonne intelligence et de comprendre nos différences de jugement, et espérons que les "ils", emportés par notre bonne humeur, arrêtent de râler sur nous ! »
Laetitia

La question importante que soulève ce challenge est : comment obtenir de la reconnaissance et augmenter mon estime sans passer par les râleries ?
Et si nous commencions par nous apprécier nous-mêmes un peu plus ? Si nous prenions chaque jour le temps de célébrer ce que nous avons accompli, même les plus petites réussites ?

OUTIL

Tous les jours, prenez le temps de célébrer ce que vous avez accompli plutôt que de vous accabler de reproches pour tout ce qu'il vous reste à faire.

Régulièrement, demandez-vous de quoi vous êtes fier? Éventuellement, notez votre réponse sur un papier que vous apposerez sur votre miroir, ou un endroit où vous pouvez le voir facilement.

RÂLER POUR AMENER PLUS DE MONDE À PARTAGER NOTRE POINT DE VUE

C'est valable notamment en politique, à l'occasion de grèves ou de manifestations, par exemple, ou dans toute situation où l'on a du mal à se faire entendre seul. On choisit de véhiculer un message négatif de frustration afin d'attirer l'attention des autres sur un sujet. Nos râleries servent à rallier des troupes pour aller au combat. Plus on râle fort, plus on pense que de nombreuses autres personnes vont rejoindre notre camp, et plus on croit que « les coupables », les responsables de ces situations, seront obligés de changer.
À ce sujet, je me souviendrai toujours du printemps 2004. Je travaillais sur un salon d'antiquaires à Los Angeles pour me faire un peu d'argent. J'avais été embauchée par un grand antiquaire parisien à la recherche d'une personne bilingue pour accueillir sa clientèle. C'était la première édition de ce salon, et manifestement l'organisateur n'avait pas réussi à attirer suffisamment de visiteurs. Nous passions nos journées à attendre des clients qui défilaient au compte-gouttes. Finalement, au soir du troisième jour, les exposants, une trentaine de personnes, se sont réunis pour définir un plan d'action. Ensemble, nous étions en train de chercher une solution pour attirer plus de visiteurs, et tout le monde

y mettait du sien. Au bout d'une demi-heure, une personne s'est mise à râler, à crier même. Manifestement, elle pensait qu'en levant le ton et en désignant du doigt des coupables, elle allait parvenir à faire changer les choses. C'est l'inverse qui s'est produit. D'un coup, toute la magie du génie collectif avait disparu... Les cris et les râleries avaient complètement cassé l'esprit collaboratif du moment. Les participants ont finalement focalisé leur attention non plus sur la recherche de solutions à leur problème, mais sur comment calmer le râleur et quel camp choisir. Un conflit s'est fait jour, et nous n'avons abouti à aucun résultat. Nous avons fini la semaine ainsi, râlant en permanence sur l'échec de ce salon et pointant du doigt les responsables. Quel dommage !

RÂLER POUR S'INSURGER

Certaines personnes, à la lecture de mon blog, ont voulu me démontrer que râler pouvait générer des changements positifs, que cela pouvait permettre de s'insurger, de prendre en main nos vies et changer ce qui ne nous convient pas. Pour moi tout cela n'a rien à voir avec râler. En effet, il faut savoir différencier les moments où nous râlons en nous considérant comme des victimes impuissantes et les moments où nous nous insurgeons avec la puissance, les actes et la volonté de créer un monde meilleur.
Je pense que oui, il ne faut pas rester victime, et si quelque chose ne nous convient pas il est important d'agir pour le changer. Oui, il est capital de prendre conscience des aberrations de notre société et de les remettre en cause. Toutefois, je suis intimement convaincue que la râlerie en soi n'apporte rien à cette démarche de changement et je voudrais vous montrer comment on peut envisager un changement de point de vue sur ce sujet.
Martin Luther King n'a pas cherché à soulever les foules en accusant et en disant : « C'est abominable et injuste, nous devons

combattre ceux qui nous martyrisent ». Bien au contraire, il a fait le choix de partager son rêve d'un jour. Son message a changé le monde. En partageant son rêve, il nous a fait prendre conscience qu'il était possible de créer un monde meilleur. Il a réussi à entraîner d'autres personnes dans son mouvement et à changer les choses.

Si vous voulez créer du changement, vous aussi prenez le temps de décrire clairement votre vision et partagez-la avec passion et conviction avec le plus de monde possible. N'oubliez surtout pas d'agir en vue de sa réalisation. Cela n'a rien à voir avec râler.

Ne soyez d'ailleurs pas pour autant « borné » sur le résultat exact que vous souhaitez obtenir, ou sur la façon exacte dont les choses doivent être ou se passer au final. Vous allez rencontrer des obstacles, des contraintes, des détours, mais ce qui compte, c'est de persévérer avec votre vision et de poser les actes qui vont avec.

« Visez toujours la lune. Même si vous la manquez, vous atterrirez parmi les étoiles. »

Les Brown (auteur et conférencier américain)

Mère Teresa nous a elle aussi montré qu'on pouvait positiver plutôt que râler, le jour où elle a refusé une invitation pour une marche contre la guerre. Elle avait en revanche répondu qu'elle participerait volontiers à une marche pour la paix.

Dans la même perspective, j'ai eu la chance de rencontrer aux États-Unis une ONG, The Peace Alliance (www.thepeacealliance.org) qui milite pour créer un ministère de la Paix au sein du gouvernement américain. Imaginez un ministère qui a pour mission de garantir la paix plutôt qu'un ministère qui a pour mission de s'assurer que nous gagnons la guerre…

Alors, si quelque chose vous choque et devient insupportable à vos yeux, arrêtez de râler et vous aussi prenez le temps de définir votre vision et de réunir les autres autour d'un projet pour créer un monde meilleur. Passez à l'action pour bâtir un monde meilleur dès maintenant !

RAPPEL

Nous râlons :

- parce que nous voulons préserver notre bonheur, mais adoptons une stratégie peu efficace ;
- pour faire comme tout le monde ;
- parce que nous voulons de l'aide, mais préférons ruminer au lieu de réclamer clairement ;
- par pur automatisme ;
- pour rire ou faire de l'humour ;
- parce qu'on est résigné ;
- pour briller ;
- pour amener plus de monde à partager notre point de vue ;
- pour nous insurger.

CE QUE J'AI APPRIS EN CHEMIN

PARTIE 2

#03 CHOISIR LE BONHEUR

Nous râlons quand nous sommes en train de vivre quelque chose de désagréable et que nous voulons que ça change. Et pourtant, non seulement bien souvent râler ne fait pas avancer les choses (au contraire), mais en plus il semblerait que changer ce qui nous arrive ne soit pas à tous les coups la voie la plus rapide pour accéder au bonheur.
Ce que j'ai appris avec ce challenge c'est que pour râler moins il faut que volontairement je choisisse le bonheur quelles que soient les circonstances extérieures. J'ai fait des recherches pour écrire ce livre et il semblerait qu'en effet de grands psychologues (dont je vous parlerai en détail plus loin) soient d'accord pour dire que ce qui nous arrive dans la vie n'a pas vraiment d'impact sur notre bonheur. Ce qui compte, c'est notre aptitude à décider de vivre de manière sereine le moment présent avec ses aléas, ses difficultés, ses obstacles, ses frustrations.

PAS BESOIN DE GAGNER AU LOTO POUR ARRÊTER DE RÂLER

Je pense à cette fameuse étude faite par un grand professeur de psychologie de l'université de Harvard, Daniel Todd Gilbert, auteur du bestseller *Et si le bonheur vous tombait dessus* (Robert Laffont, 2007), qui étudiait les gagnants du gros lot de la loterie. Il est parvenu à démontrer qu'un an après les gagnants se trouvaient aussi heureux ou malheureux qu'avant le tirage qui a changé leurs vies. Et le plus intéressant dans cette étude est que ce « niveau de bonheur » retrouvé vaut aussi pour les gens touchés par de grands malheurs, notamment des personnes devenues paraplégiques. Tous, finalement, après le choc merveilleux ou catastrophique, se trouvaient après quelque temps aussi heureux qu'auparavant. Les circonstances « extérieures », heureuses ou malheureuses, ne faisaient plus effet et ils se retrouvaient aussi insatisfaits ou satisfaits de leur quotidien. La leçon à tirer de cette étude est que notre bonheur ne dépend pas vraiment des conditions dans lesquelles nous vivons. Riche, fauché, en bonne santé ou malade, avec un emploi ou au chômage, notre bonheur ne dépend pas de ces circonstances. Il dépend au contraire de la façon dont nous choisissons de « vivre » ces circonstances : serein, optimiste, motivé, déterminé ou, au contraire, accablé, stressé, victimisé...

Notre niveau de bonheur dépend aussi de ce sur quoi nous choisissons de nous focaliser. Laurent Gounelle dans la préface de ce livre nous dit *What you focus on expands* (« Ce sur quoi vous vous focalisez tend à s'étendre »). Nous pouvons choisir que nos soucis, nos problèmes prennent toute la place dans notre vie ou nous pouvons choisir de prendre le temps de savourer les choses agréables dans notre quotidien. Quelle que soit notre situation, nous pouvons puiser du bonheur, lui donner plus de place et être heureux, ici et maintenant.

Nous pouvons râler tant que nous voulons, nous pouvons soupirer, ruminer, crier... cela ne servira pas à grand-chose pour améliorer notre état et nous rendre plus heureux. Pas besoin d'attendre un retournement de situation conséquent, car ce bonheur, finalement, vient de la manière dont on voit les petites choses du quotidien. Prenons le temps de savourer un rayon de soleil, le chant d'un oiseau au réveil, l'amour des personnes qui nous entourent, l'opportunité que nous avons de nous rendre utile dans notre travail...

« Le bonheur ça s'trouve pas en lingot, mais en petite monnaie. »

La Petite Monnaie, Bénabar

IL EST POSSIBLE D'APPRENDRE À ÊTRE HEUREUX

Nous venons de voir que les circonstances extérieures n'avaient pas d'impact, à terme, sur notre bonheur. Donc râler sur notre manque d'argent, notre état de santé ou nos problèmes ne sert pas à grand-chose. En tout cas ne nous rend pas plus heureux. Mais tout de même, pourquoi certains d'entre nous sont-ils plus heureux que d'autres ? Le bonheur est-il donné à la naissance ? Cette capacité de voir du bonheur dans les petites choses de la vie est-elle génétique ? Car pour certains d'entre nous cela paraît impossible d'être heureux, et pour d'autres tellement facile, que cela ne semble vraiment pas juste.

La réponse à cette question est *oui* et *non*. Le docteur David Lykken (un scientifique de l'université du Minnesota qui a étudié les jumeaux, élevés ensemble ou séparément) a ainsi démontré que même si une partie de notre sentiment de bonheur est en effet définie par notre génome, il nous reste tout de même une importante marge de manœuvre pour, volontairement, apprendre à faire fructifier le bonheur qui nous est donné. Ses recherches ont montré que environ 50 % du niveau de bonheur d'un individu dépend de ses gènes, mais que seulement un petit 10 % peut être attribué à nos différences de circonstances (statut socio-économique, bonne santé ou maladie, richesse ou pauvreté, marié ou divorcé, avec ou sans enfant...). Il reste donc un bon 40 % sur lesquels on peut agir !

Une partie de la raison pour laquelle vous êtes un insatisfait chronique qui râle beaucoup, ou au contraire une personne qui voit

toujours la vie en rose vient du fait que vous êtes né comme cela, c'est vrai, mais le plus important est qu'une part conséquente de votre niveau de bonheur est définie par vos pensées, vos émotions et vos croyances, toutes générées en lien avec votre environnement. Et donc il est possible d'agir pour les changer. Pour cela il faut petit à petit apprendre à fonctionner autrement. Nous devons faire un profond travail interne.
Une fois de plus la solution est en nous et non pas extérieure à nous, comme nous le croyons encore bien trop souvent. La clé est d'accéder au bonheur en changeant notre manière de voir notre réalité (quelle qu'elle soit).

LE CHALLENGE « J'ARRÊTE DE RÂLER », UN OUTIL POUR SE REPROGRAMMER

Changer sa perception de la vie ne se fait pas du jour au lendemain. En faisant ce challenge, nous choisissons de faire un travail de reprogrammation. Pour changer notre manière de voir notre quotidien, il faut en effet que nous apprenions à penser et à vivre les choses différemment, et surtout à choisir ce que nous voulons communiquer aux autres.
Car il faut se rendre à l'évidence, nos paroles ont beaucoup d'impact sur nos vies et les personnes qui nous entourent. Nos mots nourrissent nos croyances. À force de râler, nous finissons par croire ce que nous disons : que les autres sont bêtes, que la vie est dure, que personne ne nous aide, que nos efforts ne sont jamais récompensés, que nous sommes épuisés, éreintés... et finalement ses râleries impactent souvent nos actions et, au bout du compte, notre vie. Nos mots, qu'on le veuille ou non, sont à prendre très au sérieux car notre monde est fait de mots.

« Vos croyances deviennent vos pensées, vos pensées deviennent vos mots, vos mots deviennent vos actions, vos actions deviennent vos habitudes, vos habitudes deviennent vos valeurs, vos valeurs deviennent votre destinée. »

Mahatma Gandhi

Il est donc important de « reprogrammer » la manière dont nous choisissons de communiquer avec la vie, avec le monde, avec nous-mêmes. En modifiant nos réflexes de langage, petit à petit nous modifions nos pensées et nos sentiments, ancrés en nous depuis des années.
Le challenge « j'arrête de râler » permet de faire ce chemin. Même si au début le challenge semble insurmontable, vous vous rendrez très vite compte qu'en vous libérant de cette habitude de râler qui est une pollution, vous êtes en train de vous « rééduquer ». En effet le problème le plus important avec cette habitude est qu'elle crée des modes de pensées et d'actions que notre cerveau use encore et toujours – au point que, peu à peu, ils deviennent notre mode de réponse dominant jusqu'à exclure les autres modes de réponse possible. Il a été observé qu'il fallait d'ailleurs au moins 10 occasions d'apprendre pour commencer à former un nouveau mode de réponse[4]. D'où l'intérêt de ce challenge qui va vous permettre de « pratiquer », « d'apprendre », de vous « rééduquer » afin de littéralement créer de nouvelles connexions dans votre cerveau. Progressivement, le réflexe, l'habitude, vont se dissiper, jusqu'à disparaître. Et par la suite vous n'aurez plus besoin de fournir un gros effort pour ne pas râler, car votre corps aura profondément enregistré cette nouvelle manière de faire. Votre « muscle râlerie » sera affaibli et votre « muscle du bonheur »

4 Habit of your mind – A releasing your unlimited creativity discussion topic, by K. Ferlic 2008. RYUC.

sera fort et puissant. C'est ainsi que ce qui commence par un challenge quasi impossible devient par la suite une seconde nature.

APPRENDRE À VIVRE DANS LE PRÉSENT PLUTÔT QUE DE JUGER LE PASSÉ OU ESPÉRER LE FUTUR

Eckhart Tolle, écrivain canadien d'origine allemande prônant la valeur spirituelle de l'attention, nous explique dans son livre *Le Pouvoir du moment présent* (Ariane, 2000) qu'être « victime » (se positionner comme impuissant face à ce que les autres nous font ou nous ont fait subir), c'est croire que le passé est plus puissant que le présent, c'est considérer que les autres et ce qu'ils nous ont fait subir sont responsables de ce que nous sommes maintenant. On peut vraiment se perdre et passer à côté du bonheur quand on se laisse embourber dans nos râleries de victimes. Nous jugeons, nous pointons du doigt ce que les autres auraient dû faire ou ne pas faire. Or, en fait, notre force est dans le présent. Mettons notre attention sur le « maintenant » et le « tout de suite » car lui seul existe.

OUTIL

Notez ce message sur votre réfrigérateur : « Le passé n'est plus et le futur n'existe pas. Alors cessons de râler sur ce qui nous est arrivé ou sur ce que nous voudrions avoir, profitons de l'instant présent tel qu'il est car la vie est belle. »

Plutôt que de fulminer,
alors que vous ne pouvez rien changer...

Profitez !

Le présent est là qu'on le veuille ou non. On peut ne pas l'approuver, ne pas être d'accord, mais pourtant rien ne sert de lutter contre lui en râlant. Râler nous épuise, râler nous gâche la vie, râler n'est qu'une excuse pour se laisser aller à être une victime passive. Ce challenge vous invite à pleinement comprendre et vivre votre vie de manière responsable. Arrêtons de râler et choisissons qui nous voulons être maintenant.

> *« Les meilleures années de votre vie sont celles où vous décidez que vos problèmes vous appartiennent. Vous n'accusez ni votre mère, ni l'écologie, ni le président. Vous réalisez que vous pouvez contrôler votre destinée. »*
> Dr Albert Ellis, psychologue

APPRENDRE À LÂCHER PRISE SUR NOS PENSÉES NÉGATIVES

Katie Byron, sur son site *Le Travail* (www.thework.com/francais/, voir un exercice p. 172), met en évidence à quel point une pensée est inoffensive jusqu'à ce que nous y adhérions. C'est pourquoi elle nous invite à nous auto-questionner pour prendre de la distance par rapport à ce qu'on croit « être vrai ». Ce faisant, nous nous libérons de nos résistances, nous cessons de nous opposer mentalement à ce qui nous arrive et nous pouvons ainsi mieux l'accepter et nous concentrer sur une solution que ce soit face à un accident, une perte de travail, un pépin sur la route, un retard un souci de santé... « *Ce ne sont pas nos pensées, mais l'attachement à nos pensées qui cause la souffrance* », dit-elle. Quand nous nous laissons aller à râler, nous laissons nos pensées négatives prendre vie. Elles s'immiscent par nos râleries dans nos conversations, dans nos relations, dans notre quotidien... et petit à petit deviennent notre vie, notre identité. Nous finissons même par les croire !

Il est important, pour réussir ce challenge, d'arriver à prendre du recul par rapport à nos râleries et d'éviter qu'elles nous collent à la peau et nous envahissent. Il faut apprendre à lâcher prise, il faut apprendre à les remettre en cause. Il ne s'agit pas, je vous l'assure, de réprimer vos pensées négatives. Je suis tout à fait consciente qu'il est quasiment impossible de les empêcher de surgir en nous et ce n'est pas là le sujet de ce livre.

Notre cerveau est un organe super actif qui pense, pense, pense à longueur de journées. Nos pensées vont et viennent sans que nous en ayons conscience. Elles arrivent dans notre tête par milliers et nous ne pouvons pas les empêcher d'être là. Certaines sont positives d'autres sont négatives. Et finalement cela n'a pas grande importance, car ces pensées ne nous font aucun mal. Elles sont juste dans notre tête. C'est pourquoi dans ce challenge, râler dans sa tête ne compte pas. On laisse juste la râlerie passer et on continue notre journée.

Le mal arrive quand nous commençons à nous attacher à nos pensées, à leur donner de l'importance et à les exprimer dans nos râleries. À partir de ce moment, nous ancrons nos pensées négatives dans notre vie. Nous les cristallisons. Ce challenge, au contraire, nous invite à trouver un espace sain pour vivre pleinement nos pensées négatives et nous en décharger.

Ensuite le plus important est de savoir laisser aller et venir nos pensées négatives et reprendre le fil de notre vie sans rester attaché à notre frustration !

L'idée n'est pas de nier nos émotions. Au contraire, il est important de prendre le temps de s'autoriser à vivre nos émotions. Mais ensuite il est nécessaire de savoir lâcher prise, de ne pas s'attacher à nos pensées négatives, ne pas rester accroché à elles et ne pas leur donner vie dans nos conversations... en râlant !

OUTIL

Pour vous décharger de vos frustrations vous pouvez écrire dans un journal, faire du sport, aller marcher autour du pâté de maison, parler à un ami de manière constructive, ou aller voir un médecin spécialisé si vous avez besoin d'aide.

Pour vous aider avec ce processus de lâcher prise, vous pouvez faire l'exercice « Lâcher prise avec la méthode Sedona » (voir p. 170).
Il est vrai que parfois on peut avoir franchement tendance à ressasser les mêmes soucis. Notre cerveau fonctionne alors comme un disque rayé. Il se répète, se répète et se répète presque toute la journée. Il est bloqué sur nos râleries que nous bougonnons ou exprimons à longueur de journées.

> *« Si vous lâchez prise légèrement, vous aurez de la paix légèrement. Si vous lâchez prise énormément, vous aurez énormément de paix. Si vous lâchez prise totalement, vous aurez la paix complète. »*
>
> Ajahn Chah Subhatto[5]

À ce sujet, l'anthropologue culturel Angeles Arrien (auteur de *Les Quatre Voies de l'initiation chamanique*, Éditions Véga, 2004) nous explique comment, dans certaines cultures indigènes, on est encouragé à partager son histoire, mais pas plus de trois fois. Ces cultures reconnaissent l'importance de se libérer, de partager avec ses proches, de raconter son histoire, son malheur et de

5 Le vénérable Ajahn Chah Subhatto, né en Thaïlande, fut l'un des plus grands maîtres de méditation du XXe siècle.

recevoir de la compassion, mais pas plus de trois fois car ce serait un signe que nous sommes coincés dans une position de victime. Trois fois est suffisant, plus est une dépendance à l'« intensité » (vous savez, ce besoin de drame que nous avons parfois tendance à cultiver dans notre vie) et un signe que nous ne savons pas comment fonctionner sans notre dose de victimisation. Pour sortir de cette dépendance, il faut savoir lever la tête du guidon, prendre de la hauteur, du recul, voir les choses autrement, et surtout pardonner. Se pardonner à soi-même de ne pas être parfait, et pardonner aux autres. Ainsi on se libère soi-même, on devient libre de poursuivre le chemin de sa vie et on commence à voir et à vivre plus pleinement ses expériences agréables.

OUTIL

Vous aussi, repérez les fois où vous ressassez la même histoire plus de trois fois. Le cas échéant, vous pouvez trouver une personne qui va vous écouter activement vous exprimer devant elle une dernière fois. Ensuite, notez votre râlerie sur un papier et laissez-la s'évaporer en poussière en la brûlant avec une bougie ou déchirez-la en petits morceaux et jetez-la à la poubelle. Alors que le papier disparaît, vous pouvez répéter : « *Je lâche prise, je me libère pour profiter de ma vie.* »

SAVOIR LÂCHER PRISE DANS NOTRE DÉSIR DE TOUT CONTRÔLER

En ce début de XXIe siècle, la vie nous pousse à être toujours plus performant et toujours mieux organisé. Notre aspiration la plus grande est, pour la plupart d'entre nous, de réussir sa carrière, d'avoir une vie de famille sereine, du temps pour soi et une bonne santé. Nous sommes de plus en plus exigeants, poussés par le regard des autres ou les « règles » de la société. La frontière est souvent floue entre travail et vie privée, et tout se mélange dans notre agenda. Il faut réussir à tout caser et nous tentons en vain d'avoir une vie équilibrée ! Réunion, cours de sport, famille, dossier à boucler, courses à faire... Notre temps est très précieux et nous jonglons à longueur de journées.

Pour réussir à tout gérer nous avons besoin de tout contrôler, et notre tolérance aux imprévus ou aux obstacles devient très limitée. Ainsi, quand nous ne pouvons pas contrôler ce qui nous arrive, nous sommes terriblement frustrés car nous nous sentons ralentis et perturbés dans notre course et notre quête d'équilibre. Alors nous... râlons.

C'est tellement frustrant de ne pouvoir tout contrôler autour de nous, surtout les gens. Eh oui, la vie n'est pas un théâtre où nous pouvons changer le décor selon nos souhaits ou contrôler les autres comme un metteur en scène le fait avec ses comédiens. Bien souvent, les choses ne se passent pas comme on voudrait. Même si nous croyions savoir exactement ce qui est bien pour nous, nous ne pouvons malheureusement pas toujours décider de ce qui nous arrive. Quand nous croyons que nous pouvons contrôler les autres ou notre vie, nous sommes dans l'illusion et nous générons alors de grosses frustrations.

Ce challenge m'a permis de prendre conscience que c'est en fait normal de ne pas pouvoir contrôler les autres comme des marionnettes. Et il est bon de réaliser que :

eh oui, les autres sont aussi humains et c'est une illusion de croire que je peux les faire obéir au doigt et à l'œil ;
eh oui, parfois les choses sont ralenties, les autres bloquent le processus et expriment leur désaccord par rapport à ce que j'avais planifié ;
eh oui, parfois les autres ne sont pas prêts, veulent aller moins vite, ils ne sont pas d'accord, ils ont besoin d'explorer, de réflé-

chir... Il peut même leur arriver de vouloir faire différemment de moi ;

eh oui, je ne suis pas toute-puissante (oh zut alors !).

Mais je refuse pour autant que cela me pourrisse la vie, et d'ailleurs moins je râle et plus j'ai de chances d'atteindre mon objectif de la journée, et avec le sourire en plus.

ACCEPTER DE NE PAS TOUJOURS SAVOIR CE QUI EST BON POUR NOUS

Il faut admettre que souvent on ne sait pas ce qui est le mieux pour nous. On veut arriver à l'heure et on s'énerve au volant en râlant que notre rendez-vous est très important (ou bien pas si important que cela, mais on dramatise). Et pourtant nous ne pensons pas que, peut-être, en étant bloqués dans les bouchons nous venons d'éviter un accident de la route. Nous sommes pressés et nous ne voulons pas faire la queue, mais peut-être que la personne qui attend derrière nous est une personne merveilleuse à rencontrer. Parfois on se dit que, vraiment, on n'a pas de chance. On a l'impression d'avoir la poisse, que tout va de travers. Certains perdent leur travail, ont des soucis de famille et/ou de santé, et tout semble s'accumuler. Dans ces moments-là, on peut avoir l'impression d'avoir reçu un mauvais sort. Mais, dans le fond, pouvons-nous affirmer à 100 % que nous savons vraiment ce qui est bon pour nous ? Est-il vraiment à notre avantage de vouloir contrôler toute notre vie et la gérer tout entière ?

Voici deux contes (dont les origines me sont inconnues) pour nous ouvrir les yeux.

Il y a bien longtemps, un roi avait un sage conseiller. Celui-ci avait pour habitude de répéter au souverain : « Tout ce qui t'arrive est pour ton bien. » Or, il arriva que lors d'une parade, le roi lâcha son sabre et se trancha un orteil. Fort contrarié, il se rendit chez son conseiller et lui demanda si cet accident était arrivé pour son bien. Le sage lui répéta une fois de plus : « Tout ce qui t'arrive est pour ton bien. » Fou furieux, il considéra ses paroles comme un affront et décida de l'emprisonner pour le punir.

Quelque temps plus tard, le roi partit à la chasse entouré de sa cour. La troupe se dispersa assez rapidement dans l'immense forêt, si bien que quand la nuit tomba, le roi se retrouva seul, et qui plus est perdu. Il eut beau appeler, personne ne répondit. Il chercha, chercha et chercha encore une issue, en vain. À bout de force, il finit par apercevoir la lueur d'un feu. « Sauvé, je suis sauvé ! » se dit-il. Il marcha donc vers la lumière et découvrit une tribu qu'il ne connaissait pas dans son royaume. Il se présenta comme le roi de cette forêt et leur promit une grande récompense s'ils l'aidaient à retrouver son palais.

Mais les choses ne se passèrent pas comme prévu. Les indigènes ne parlaient pas sa langue. Ils se montrèrent agressifs et le roi comprit vite qu'il était tombé sur une tribu de cannibales dont ses soldats lui avaient déjà mentionné l'existence. Ils firent donc les préparatifs pour le manger, et avant de le rôtir, ils le déshabillèrent. C'est à ce moment qu'ils aperçurent son pied mutilé. Or, comme tout le monde le sait, les cannibales ne dévorent jamais les personnes estropiées. Ils le relâchèrent donc, non sans regret tant il paraissait appétissant.

Après quelques périples, le roi finit enfin par retrouver son palais. Il s'empressa d'aller trouver son conseiller et de le libérer : « C'est vrai, tu avais raison : même cet accident avec mon sabre s'est révélé être pour mon bien. Mais je doute fort que tu puisses considérer que ces semaines passées en prison aient été pour ton bien ! » Ce à quoi le sage répondit : « Majesté, tout ce qui m'arrive est pour mon bien. Si je n'avais pas été en prison, je vous aurais accompagné à la chasse. Mais moi, je ne vous aurais pas lâché et nous nous serions retrouvés tous les deux chez les cannibales. Or moi, j'ai encore mes dix orteils... »

Un vieux fermier possédait un vieux cheval avec lequel il labourait ses champs. Un jour, le cheval s'enfuit vers les collines. Au voisin qui le prenait en sympathie, le vieillard répondit : « Chance ? Malchance ? Qui sait ? » Une semaine plus tard, le cheval revint des collines avec un troupeau de chevaux sauvages, et cette fois les voisins félicitaient le vieillard de sa bonne chance. Il répondit encore : « Bonne chance ? Malchance ? Qui sait ? » Puis, lorsque son fils, en voulant dompter l'un des chevaux sauvages, fit une chute et se brisa la jambe, tout le monde crut que c'était une grande malchance. Le fermier, lui, se contenta de dire : « Malchance ? Bonne chance ? Qui sait ? » Quelques semaines plus tard, l'armée entra dans le village et mobilisa tous les jeunes gens valides. Quand ils aperçurent le fils du vieillard avec sa jambe cassée, ils le dispensèrent du service. Était-ce de la chance ? De la malchance ? Qui sait ?

Cette morale que nous donnent le conseiller du roi et le vieux fermier est aussi applicable pour les petits malheurs, les contretemps, les retards et autres désagréments de notre quotidien.

Voici comment j'ai pu moi-même la mettre en pratique pendant le challenge.

Témoignage

Un jour dans mon challenge

« Aujourd'hui je me suis déplacée avec mes trois filles. Juste un déplacement de 100 km, mais qui a pris des allures de déménagement. Mes filles partent demain en vacances pour neufs jours avec leurs grands-parents, et moi je m'installe dans l'appartement de ces derniers à Paris pour y travailler quelques jours. Ce matin, j'ai passé 1 h 30 à réunir les affaires et préparer les valises. J'ai découvert du linge sale... que j'ai mis à laver, j'ai cherché les chaussettes, j'ai réuni les doudous, j'ai choisi quels habits emporter...

En fin de matinée, Je me sentais presque prête, les valises quasi bouclées. Il ne restait que quelques bricoles à finir. Je contrôlais la situation. Ensuite je suis allée me détendre avec ma famille pour quelques heures. Plus tard, vers 16 heures, je me suis dit qu'il était temps que je m'active pour prendre la route.

Il m'a finalement fallu à nouveau 1 h 30 avant, enfin, de tourner la clé de contact dans ma voiture.

Et durant tout ce temps, j'ai dû apprendre à lâcher prise pour ne pas râler. Je me sentais frustrée car cela me semblait simple de faire ses valises, et en fait cela prenait beaucoup plus de temps que je pensais. Il y avait beaucoup à faire...

Ne pas oublier l'ordinateur et son câble (sinon je risque d'être bien embêtée !).

Et aussi le linge dans la machine (qui par miracle avait été mis à sécher !).

Chercher la paire de chaussures que ma fille a laissée quelque part dans la maison. Mais où ?

Découvrir que la caméra est restée dans le jardin.

Ne pas oublier de ranger la chambre des enfants.

Trouver le CD que ma fille me réclame d'une voix paniquée et qui lui a été offert pas sa cousine spécialement pour les voyages en voiture.

.../...

…/…

À la dernière minute, retrouver un maillot de bain mouillé qui traînait dans l'herbe.
… Et le tout avec des enfants qui sentaient le changement et qui du coup avaient les nerfs à fleur de peau et s'accrochaient à moi.

Oui j'ai eu envie de râler. Oui j'ai eu envie de me plaindre. Je sentais la pression monter en moi car j'étais en train de prendre du retard sur mon planning, et il semblait que je ne contrôlais plus rien.
Et pourtant ce qui m'a sauvée, c'est de lâcher prise et de me dire que, quoi qu'il arrive, tout serait quand même parfait.

Je croyais pouvoir partir en 45 minutes et ce n'était pas possible.
Je voulais éviter les bouchons de retour de week-end et c'était mal parti.
Je me sentais seule devant cette responsabilité de ne rien oublier, et j'étais débordée.
Mes enfants, avec leurs demandes multiples d'aide et d'attention, n'arrangeaient pas la situation.

Finalement, je me suis dit :

il va te falloir plus de temps et tu ne peux rien y faire ;
si tu te retrouves dans les bouchons (bien que tout le monde t'a bien dit de ne pas partir après 17 heures), eh bien ce n'est pas si grave ;
tout sera parfait et tu géreras (on a finalement raconté des blagues, mis de la musique et fait des jeux pendant le trajet) ;
mets un pas devant l'autre et fais de ton mieux, l'enjeu ne vaut pas de râler ;
tu ne vas tout de même pas gâcher une si belle journée ! »

Récit extrait de mon blog : http://jarretederaler.com

Voilà, une journée de plus sans râler !

QUAND LES AUTRES NOUS ÉNERVENT

Quand on commence ce challenge, on réalise vite que ce qui nous fait très souvent râler, ce sont les autres ! « Nos coupables », comme je dis souvent. Eh oui, la nature humaine n'est pas simple et parfois les autres nous font du mal. Nous n'arrivons pas à comprendre leurs réactions, nous avons peur de ne pas être respecté, d'être rejeté… Les autres nous frustrent, nous stressent, nous surprennent, nous déçoivent… Et dans ces moments-là il est dur de ne pas râler.
Il y a une fable amérindienne que l'on raconte le soir autour du feu sacré qui parle de cela, et elle m'a beaucoup aidée dans ce challenge.

Les deux loups

Un homme âgé dit à son petit-fils, venu le voir très en colère contre un ami qui s'était montré injuste envers lui :
« Laisse-moi te raconter une histoire… Il m'arrive aussi, parfois, de ressentir de la haine contre ceux qui se conduisent mal et n'en éprouvent aucun regret. Mais la haine t'épuise, et ne blesse pas ton ennemi. C'est comme avaler du poison et désirer que ton ennemi en meure. J'ai souvent combattu ces sentiments. »
Il continua « C'est comme si j'avais deux loups à l'intérieur de moi ; le premier est bon et ne me fait aucun tort. Il vit en harmonie avec tout ce qui l'entoure et ne s'offense pas lorsqu'il n'y a pas lieu de s'offenser. Il combat uniquement lorsque c'est juste de le faire, et il le fait de manière juste.
Mais l'autre loup, ahhhh… ! Il est plein de colère. La plus petite chose le précipite dans des accès de rage. Il

se bat contre n'importe qui, tout le temps, sans raison.
Il n'est pas capable de penser parce que sa colère et sa haine sont immenses. Il est désespérément en colère, et pourtant sa colère ne change rien.
Il est parfois difficile de vivre avec ces deux loups à l'intérieur de moi, parce que tous deux veulent dominer mon esprit. »
Le garçon regarda attentivement son grand-père dans les yeux et demanda : « Lequel des deux loups l'emporte, grand-père ? »
Le grand-père sourit et répondit doucement : « Celui que je nourris. »

Et vous, quel loup nourrissez-vous ? Êtes-vous souvent vexé ou offensé par ce que vous font subir les autres ? Êtes-vous souvent fâché ? Vous sentez-vous jugé, rejeté, accusé, négligé... Vous avez envie de punir celui qui vous a fait du mal ? Ou bien vous refusez de lui parler pour vous protéger ?
Cette légende des deux loups nous invite à comprendre que quand nous avons de la rancœur ou que nous nous accrochons à nos griefs, nous nous punissons nous-mêmes. Finalement nous choisissons nous-mêmes de rester accrochés à notre souffrance. Nous sommes très sensibles, nous démarrons au quart de tour et au bout du compte nous sommes à vifs, prisonniers de notre colère.
Ce challenge nous invite à nourrir le loup qui vit en harmonie avec ceux qui l'entourent. Le loup qui arrive à communiquer sainement et de manière constructive. Le loup qui est juste, le loup qui arrive à avoir le courage de pardonner pour être libre. Le loup qui se sent responsable et non pas victime. Le loup qui choisit de ne pas se laisser envahir par les attitudes des autres. Le loup qui choisit le bonheur et la sérénité quoi que les autres fassent ou disent.

Je voudrais vous inviter à observer vos loups et à voir lequel prend le dessus dans votre vie en ce moment. Et à vous demander ensuite si vous êtes satisfait ? Si cela vous convient ?
Si vous avez envie de vivre en paix je vous propose de mettre un bracelet à votre poignet et de commencer le challenge. Ne reportez pas au lendemain, acceptez le challenge et lancez-vous. Chaque minute, chaque réussite et chaque échec sont des pierres qui construisent votre chemin vers une vie sereine.

RAPPEL

- Cessons de croire que notre bonheur repose sur des circonstances extérieures à nous.
- Apprenons à être heureux et utilisons ce challenge comme un outil pour reprogrammer notre cerveau.
- Attachons-nous à prendre la vie comme elle vient et à vivre chaque instant pleinement. Nous pourrons alors accéder aux richesses de la vie. C'est-à-dire, prendre conscience de tous les cadeaux de la vie : notre famille, notre corps, la nature, la ville, les technologies, les autres…
- Rappelons-nous que nous ne pouvons pas tout contrôler dans notre vie.
- Apprenons à lâcher prise sur nos malheurs. Pour nous aider, souvenons-nous des mots du conseiller du sage : « Tout ce qui t'arrive est pour ton bien. »
- Ne laissons pas les attitudes ou les paroles des autres entraver notre bonheur. Quand les autres nous énervent choisissons quel loup nous avons envie de nourrir.

#04 COMMUNIQUER AUTREMENT

RÂLER CREUSE UN FOSSÉ AVEC LES AUTRES

Nos râleries font fuir les autres, profitons de ce challenge pour déguster les nouvelles conversations qui deviennent alors possibles. Ainsi, alors que j'étais en plein dans mon challenge, je suis tombée sur un passage du livre *Dieu voyage toujours incognito* de Laurent Gounelle.

> Le personnage principal du livre est un homme qui, guidé par un maître, est en train de découvrir comment prendre en main sa vie et son bonheur. Un jour, le maître lui dit :
> *« D'après ce que j'ai mis en évidence hier, tu aimes bien passer pour celui qui fait des efforts pour les autres, et tu espères que tu seras apprécié en retour pour tes "sacrifices". Et puis, tu aimes aussi un peu te plaindre et attirer ainsi la sympathie des gens. Entre nous, c'est bidon : toutes les études montrent qu'on se sent tous plus attirés par ceux qui assument leurs choix et vivent ce qu'ils ont choisi de vivre. Finalement, tes jérémiades n'émeuvent que toi. »*
>
> Laurent Gounelle, *Dieu voyage toujours incognito* (Anne Carrière, 2010).

Ces mots m'ont profondément frappée car je les ai trouvés absolument vrais. Oui, mes jérémiades n'émeuvent que moi. Je pollue tout le monde avec mes soupirs. J'ai ainsi remarqué que toutes mes râleries créaient de la distance entre moi et les personnes qui m'entourent, et quand j'ai cessé de râler j'ai clairement senti les autres se rapprocher de moi.
Cela a été flagrant notamment avec mes enfants. Comme je ne râlais plus, ils ont dû trouver que j'étais plus accessible et me faisaient des câlins. Tout d'un coup, j'ai eu le plaisir de profiter de régulières et douces conversations et de moments de tendresse avec eux. Nous pouvions sortir du mode « conflit » ou « gestion de logistique » et vivre une plus grande intimité. Je lis les mots que je viens d'écrire et ils me choquent. Je me dis que cela faisait des années qu'ils gardaient leurs distances avec moi. Avant ce challenge, nous vivions une certaine tendresse bien évidemment, mais je dois admettre que j'ai noté une amélioration significative depuis que mes râleries polluent moins notre quotidien.
Finalement, je sais maintenant que parfois les autres craignent de nous côtoyer parce qu'ils ont peur qu'on les chasse avec nos râleries. Ils ont tellement l'habitude de nous entendre rejeter ce qui nous est donné à vivre qu'ils ont peur qu'on les rejette eux aussi s'ils nous approchent.

RÂLER NÉCESSITE MOINS D'ÉNERGIE QUE PENSER POSITIVEMENT

Râler est un réflexe qui se fait presque naturellement, sans demander aucune énergie, aucune attention de notre part. Tandis qu'arrêter de râler demande plus de recul, plus de réflexion – surtout au début. Ce n'est qu'au bout de quelques semaines (eh

oui, 21 jours !) qu'on peut espérer atteindre un niveau de sagesse qui nous est naturel et demande peu d'effort.
Si vous ne me croyez pas, faites le test suivant. Imaginez qu'en partant pour votre travail vous arrivez sur le quai du métro par exemple, et que vous entendez une annonce vous informant que le service est interrompu sur toute la ligne pour une durée indéterminée suite à un incident technique. Quelle est votre réaction immédiate ? Probablement quelque chose dans ce style : « *Je n'y crois pas, c'est la troisième fois ce mois-ci qu'ils se moquent de nous, ils pourraient entretenir correctement les lignes au moins, je dois aller bosser moi !* » On en vient facilement à dire cela. En plus, on a déjà tous entendu plein de monde tenir ce genre de propos. On ne fait que répéter... ruminer les uns à côté des autres.
Maintenant, essayez d'envisager quelle serait votre réaction si vous parveniez à ne pas râler, à ne pas vous positionner en victime de ces « autres » qui ont mal fait leur travail et à vous dire que ce qui arrive est pour votre bien comme le sage du roi auquel je faisais référence précédemment (voir p. 53).
Allez-y, faites-le...
C'est beaucoup plus dur n'est-ce pas ? Ça ne vient pas naturellement ! Tout d'un coup on doit réfléchir à ce qu'on peut faire, prendre ses responsabilités, ne pas se laisser abattre et définir un plan d'action. C'est une réflexion plus longue et plus sophistiquée qui, si vous deviez la partager avec quelqu'un, demanderait plus de mots, devrait être explicitée. Et surtout elle serait unique et différente des pensées de ceux qui sont sur le quai avec vous.

> *« Des études réalisées par des psychologues ont montré que les personnes pessimistes ont un vocabulaire moins riche et moins fourni que les optimistes. D'autres études ont montré que le niveau de violence adopté par les jeunes est*

proportionnel à la pauvreté de leur vocabulaire : quand on ne peut pas mettre en mots, on frappe et on casse ! »

Yves-Alexandre Thalman,
Petit cahier d'exercices pour voir la vie en rose
(Éditions Jouvence, 2010)

Vous pourriez vous dire : « *OK, bon alors je vais appeler le bureau pour qu'on m'envoie le fichier Dupond et je vais enfin pouvoir le boucler au calme de la maison sans que personne ne me dérange. Ce n'est pas plus mal. Ce sera tellement bien de savoir que c'est fait. Je vais aussi appeler Paul pour annuler notre rendez-vous de 10 heures ce matin. À midi la ligne sera sûrement rétablie et je pourrai être au bureau cet après-midi.* »
Une autre personne sur le quai pourrait se dire : « *OK, bon, je vais appeler mon patron et lui dire que je dois prendre une journée car je n'ai pas de moyen de transport pour arriver au travail. Ce n'était pas ce que j'avais prévu mais ce n'est pas plus mal. Je suis fatiguée et je ne prends jamais de temps rien que pour moi. Je vais en profiter pour aller chez le coiffeur, cela fait quatre mois que je dois y aller. Et puis j'en profiterai aussi pour appeler ma sœur. Cet après-midi, je vais cuisiner et mettre plein de petits plats au congélateur, cela fait longtemps que j'ai envie de faire ça.* »
Comme vous le voyez dans ces deux derniers scénarios, il a d'abord fallu accepter le changement imprévu, puis qu'on élabore une réflexion bien plus sophistiquée qu'une simple râlerie aussi stérile qu'inutile. Il a fallu plus de mots pour décrire ces deux choix pour cette journée qui ne commence pas comme prévu. Oui, arrêter de râler va vous demander plus de réflexion, de trouver des solutions... mais c'est un effort qui apporte immédiatement du bonheur car vous ne vous sentez plus accablé, frustré, impuissant. Comme les deux personnes sur le quai vous acceptez la situation et réagissez pour en tirer parti.

DE L'IMPORTANCE DE NE PAS DRAMATISER

Avez-vous remarqué comme parfois nous avons tendance à transformer une simple frustration en une énorme calamité ?

Quelque chose ne se passe pas comme prévu :

notre train est en retard et nous allons rater un rendez-vous important ;
nous devons payer plus d'impôts que nous avions prévu ;
notre employeur est en train de réorganiser l'entreprise et il change nos horaires ou nos responsabilités ;
nous avons déjà cinquante mille choses à faire et une autre tâche nous tombe dessus au bureau.

Nous devons en permanence changer nos plans, nous adapter, faire des efforts, et ne pas résister face à ce qui nous arrive. Notre frustration se transforme en catastrophe planétaire. Le problème prend une telle ampleur que nous nous sentons menacés.

Je me souviens avoir vécu cela. J'avais une grosse journée de travail devant moi, une multitude de rendez-vous téléphoniques avec mes clients. Mon métier de coach s'exerce à 98 % au téléphone, et mes clients sont aux États-Unis, au Canada, en Asie et en Europe, bref, partout dans le monde. J'utilise donc un système par Internet pour communiquer, tout en évitant des factures exorbitantes. Ce matin-là, alors que j'allumais mon ordinateur à 8 h 40, je réalisais que ma connexion Internet ne fonctionnait pas bien. La ligne était constamment interrompue... et mon premier rendez-vous téléphonique était vingt minutes plus tard ! Je me suis mise à paniquer et me suis entendu dire « *Ils vont tuer mon business si ça continue, si ma connexion ne marche pas cela va me coûter une fortune.* » Mes mots étaient clairement exagérés.

Voici un autre scénario « catastrophe » : un homme arrive à l'aéroport un samedi matin. Il part en Italie ce week-end pour assister au mariage d'un ami très proche. Le vol est à 9 h 30. Arrivé au guichet, l'hôtesse au sol lui annonce que l'avion ne pourra pas décoller

Plutôt que de tout dramatiser…

Puisez dans vos ressources !

à l'heure en raison d'un incident technique, qu'il aura probablement quatre heures de retard. « *Vous ne vous rendez pas compte, vous ruinez ma vie* », lui crie l'homme...
Cette tendance à exagérer nous touche tous parfois, et certains d'entre nous trop souvent. Nous nous retrouvons à dire des « Ils sont cons », « tous des incapables », « incompétents » « irresponsables ».

OUTIL

Nous avons souvent tendance à être de mauvaise foi même dans nos râleries et à utiliser un vocabulaire trop fort, à exagérer nos propos. Notez toutes les fois où ça vous arrive.

David D. Burns, psychiatre spécialiste de la thérapie cognitive, appelle cette distorsion de pensée le *binocular trick*[6] (la « ruse des jumelles »). Nous avons tendance à regarder des événements négatifs d'une telle manière que nous les agrandissons en taille et en importance. Nous nous faisons dès lors une montagne de quelque chose qui est vraiment embêtant, mais pas si énorme ni si catastrophique.
Regardez les dessins (p. 65 et 66). Le premier évoque ce que beaucoup d'entre nous auraient pu se dire : « *Ah vous allez me tuer avec vos demandes* » et pourtant notre charmante héroïne est pleine de ressources. Elle a choisi de ne pas « résister », mais de « s'adapter ». C'est vrai que cela demande plus d'efforts que de simplement râler ! Mais soyons clairs, la satisfaction à la fin de la journée n'est pas la même.

---

6 David D. Burns, *Se libérer de l'anxiété sans médicaments : La thérapie cognitive, un autotraitement révolutionnaire de la dépression*, JC Lattès, 1996.

De la même manière, le mécanisme de la « ruse des jumelles » est aussi activé si vous avez tendance à râler en vous comparant aux autres. Lorsque vous dites *« je suis nul »*, *« je suis bête »*, *« pour qui je me prends »*, *« on va me prendre pour un débile »*, *« je ne suis pas assez pro »*, *« moi je n'y connais rien »*. Dans ces moments-là, vous avez probablement tendance à magnifier les réussites de ceux auxquels vous vous comparez, vous rendant ainsi encore plus diminué par la comparaison.

Dans ce cas, nous regardons de l'autre côté de la jumelle (à l'envers, du côté qui rétrécit) pour considérer nos accomplissements, nos réussites ou les imperfections de nos compétiteurs, et nous les diminuons jusqu'à ce qu'ils soient poussière insignifiante.

Quand nous ruminons sur nous-mêmes, nous nous détruisons au lieu de nous construire. De même, souvent, nous nous mettons beaucoup de pression et nous biaisons nos propos car nous ne nous sentons pas à la hauteur de ce qu'on croit que les autres attendent de nous.

Avec ce challenge, nous sommes invités à apprendre à célébrer nos atouts et à puiser dedans pour avancer. Sans oublier de célébrer les atouts des personnes qui nous entourent. Quitte à dramatiser quelque chose, choisissons de dramatiser ce qui nous construit ou nous rend la vie plus belle plutôt que de dramatiser ce qui nous détruit et nous pollue.

OUTIL

Prenez l'habitude de parler aussi de vos atouts, de vos accomplissements et de vos réussites. Donnez-leur une vraie place bien méritée dans votre vie et dans vos conversations.

Quand nous usons trop souvent de la ruse des jumelles nous finissons par nous sentir oppressés et nous râlons. Les obstacles pour atteindre nos objectifs deviennent alors énormes, des montagnes impossibles à gravir. Notre motivation s'essouffle et nous restons apathiques et improductifs.

Ce qui se passe, c'est que bien souvent nous avons tendance à croire que si nous exagérons notre douleur en râlant, il sera plus facile d'obtenir ce que nous voulons. Et alors on se laisse aller à se plaindre. Cela peut être une stratégie efficace à court terme pour manipuler les autres, mais ce n'est pas une approche saine ni efficace à long terme. Cela va au contraire générer, nous l'avons vu dans le premier chapitre, un manque de respect de la part des autres, allant même jusqu'à une prise de distance pour éviter d'être impliqué dans nos petits drames. Et surtout cela nous empêche d'être capables de nous confronter directement et rationnellement à nos problèmes.

Sur ce même sujet, je trouve très intéressant de voir à quel point notre société est accro à l'« intensité » (voir p. 50). Finalement, c'est un peu comme si on ne se sentait pas vraiment vivant dès lors que les choses n'étaient pas vécues intensément. D'où les abus (alcool, drogues), et cette tendance des médias à nous rapporter des anecdotes extrêmes à longueur de journées. Cela crée une culture globale et une tendance à constamment en rajouter et à exagérer, à créer nous-mêmes des drames avec nos râleries là où il n'y en a pas.

Avec ce challenge « j'arrête de râler », je voudrais vous inviter à être conscient de votre tendance à dramatiser les choses, et donc à réussir à donner aux événements leur juste proportion.

APPRENDRE À AVOIR LE MOT JUSTE

Toute la journée, à tout instant, nous sommes des messagers. Nous utilisons nos mots pour véhiculer un message qui a des effets sur notre vie et celle de ceux qui nous entourent.

> *« La parole est un outil qui peut détruire. Ou construire. Contrairement à ce que nous croyons souvent, les mots ont du poids : ils agissent sur la réalité. »*
>
> Olivier Perrot, psychologue et président de l'Association française de la nouvelle hypnose, dans une interview donnée à Psychologies.com.

Quand nous râlons, quel genre de messager sommes-nous ? Sommes-nous en train de véhiculer un message juste, ou sommes-nous en train de dramatiser, d'exagérer ou de généraliser un problème ?
Quand nous communiquons avec les autres, il est important de réaliser à quel point nos émotions, nos frustrations et nos doutes entrent en ligne de compte et que, bien souvent, notre « interprétation » est éloignée des faits tangibles.
Nous voyons tout à travers notre filtre personnel (lié à notre histoire, notre vie, notre nature). Alors faisons attention à ce que nous choisissons de dire. Car une fois que les mots sont dits, on ne peut plus les rattraper, les récupérer. Nos râleries changent la tournure d'une conversation. Elles changent la manière dont on vit un événement. À partir du moment où elles sont dites, elles prennent forme dans notre quotidien et nous donnent l'illusion d'être encore plus vraies qu'elles ne le sont.
Ce challenge nous appelle ainsi à communiquer de manière plus vraie. Puisque nous ne pouvons plus râler, nous devons prendre un peu de recul sur ce que nous avons envie de partager

avec le monde. Ainsi, jour après jour, nous apprenons à tourner sept fois notre langue dans notre bouche avant de parler. À ne pas en dire trop, ni d'avoir des paroles biaisées par nos râleries. De la même manière, apprenons à prendre du recul par rapport aux râleries que nous entendons sortir de la bouche des autres. Prenons conscience qu'elles aussi sont teintées et ne disent pas le vrai.
Il est donc important d'apprendre à douter de ce qu'on entend comme de ce que l'on dit soi-même et de prendre du recul. Les propos n'appartiennent qu'à ceux qui les disent, et nous ne devons donc pas tout prendre « au pied de la lettre », et laisser à l'autre la responsabilité de sa parole comme de ses actes. Cela peut nous éviter de vouloir alimenter nos frustrations en râlant.

APPRENDRE À DISSIPER LES MALENTENDUS QUI NOUS POURRISSENT LA VIE

Avez-vous remarqué comme nous passons beaucoup de notre temps à faire des suppositions ? Votre ami n'a pas répondu à votre invitation à dîner ? Vous pensez tout de suite qu'il est fâché avec vous. Votre collègue est passé devant votre bureau sans vous dire bonjour ? C'est sans doute qu'il vous snobe. Nous n'avons aucune idée de la réalité des faits, et nous supposons le pire. Et le plus grave dans cela, c'est que ces suppositions nous conduisent à changer notre attitude. Nous créons un stress, une angoisse. Nous allons du coup éviter d'appeler notre ami et, petit à petit, une distance va se créer. Nous allons arrêter de dire bonjour à notre collègue, au cas où... Et petit à petit ce qui n'était qu'une supposition va devenir vrai ! Ou au contraire nous allons agir pour changer

notre hypothèse et nous mettre la pression pour que notre collègue nous aime à nouveau. À cause d'une simple supposition, tout devient biaisé.
Nos râleries sont finalement générées par un malentendu qui n'existe peut-être même pas. Il est donc important d'apprendre à clarifier les choses avant de les juger et de râler.
Allons faire notre petite enquête, exprimons nos doutes, posons des questions... Demandons à l'autre de nous dire s'il est fâché. Soyons prêts à entendre ce qu'il a à nous dire au lieu d'éviter la confrontation, de tirer les conclusions trop vite et de nous laisser aller à râler sans raison réelle.

RAPPEL

- Faisons l'effort de ne pas céder à la facilité qui consiste à râler. Oui, ne pas râler demande plus d'énergie, mais cette énergie nous allons la récupérer de manière décuplée quand nous serons libérés des râleries qui nous polluent.
- Remarquons quand nos râleries font fuir les autres. Apprenons à diminuer le volume de nos râleries pour pouvoir déguster la douceur des nouvelles conversations alors possibles.
- Remarquons quand nous avons tendance à voir notre vie à travers ces jumelles qui dramatisent les situations et nous diminuent, et quand nous avons tendance à être de mauvaise foi.
- Au contraire, apprenons à avoir le mot juste et à faire le tri entre nos frustrations personnelles et la réalité des faits.
- Apprenons à dissiper les malentendus et osons communiquer pour éviter des râleries basées sur des suppositions.

APPRENDRE À EXPRIMER SES BESOINS ET SES FRUSTRATIONS AUTREMENT

> *« Tout le monde se met en colère, c'est facile ; mais se mettre en colère avec la bonne personne, avec la bonne intensité, au bon moment, pour la bonne raison, d'une bonne manière, tout le monde n'en a pas la capacité, ce n'est pas facile. »*
>
> Aristote, *Éthique à Nicomaque*

Arrêter de râler passe par apprendre à trouver les mots pour exprimer nos frustrations et nos besoins. Le plus important pour nous est vraiment de trouver les mots qui vont « marcher », les mots qui vont nous permettre d'être entendus et compris.
On râle parce qu'un de nos besoins n'est pas satisfait, et même si parfois il est possible de considérer le bon côté des choses, de changer notre point de vue et de voir la vie en rose, bien souvent il est vraiment important de réussir à exprimer ce besoin, de le communiquer afin de créer du changement. Il est de notre devoir de trouver un moyen d'être entendu pour pouvoir le combler.
Avec ce challenge, beaucoup de personnes sont venues à moi pour essayer de me convaincre que râler sert à quelque chose ! Et je leur ai répondu que je partageais leur avis. Râler sert à quelque chose, j'en suis convaincue. Râler sert à satisfaire un besoin :
d'être entendu ;
d'exprimer sa frustration ;
de compassion ;
de faire passer son stress.
La vraie question que ce challenge soulève est : est-ce que râler répond vraiment à mon besoin ? Est-ce que ça marche ?

Témoignage

« D'une part, je me suis rendu compte que j'avais du mal à exprimer ce qui ne va pas, et à faire respecter mes plates-bandes par autrui, et que ma seule façon de le faire, c'était en râlant et fronçant les sourcils. D'autre part j'ai toujours vu mon père râler, et pour moi, c'est symbole de puissance (alors que ce serait plutôt le contraire en fait). Les croyances ont la peau dure. Ces prises de conscience m'ont permis d'avancer sérieusement. »
Céline

Est-ce qu'il y aurait une autre manière, plus efficace, de satisfaire mon besoin ?
Il peut être très intéressant de faire la distinction entre, d'une part, les besoins qui peuvent être satisfaits sans faire appel à une tierce personne, comme le besoin de se reposer qui nécessite qu'on se couche plus tôt par exemple, et dépend surtout de nous – râler ne sert à rien dans ce cas, on doit choisir de ne pas regarder le film pour être au lit plus tôt ; la solution à notre problème est là, entièrement entre nos mains – et, d'autre part, les besoins qui nécessitent la collaboration d'autres personnes pour pouvoir être satisfaits. Si je veux que mon besoin ne soit pas ignoré, il va falloir que j'arrive à le communiquer et à « convaincre » les autres de m'aider.
J'ai profondément pris conscience de cela quand j'ai compris que j'avais besoin d'aide dans ma maison. J'ai besoin d'un minimum d'ordre pour vivre, et entre mes trois jeunes enfants et mon manque d'intérêt pour le ménage, je n'arrive pas à suivre et à ranger tout ce qui se dérange dès que j'ai le dos tourné. J'ai essayé de râler, sans grands résultats, j'ai essayé de tout ranger moi-même mais ce fut un échec retentissant (je ne suis pas une grande ménagère !), j'ai essayé d'ignorer le bazar, mais je n'étais pas heureuse...

Il me fallait trouver un moyen de communiquer ce besoin et de me sentir entendue et soutenue. Pour cela je me suis tournée vers les outils de communication non violente de Marshall B. Rosenberg, et j'ai commencé à exprimer avec clarté ce qui se passait en moi, sans reproche ni jugement. Un jour, par exemple, je suis rentrée dans mon salon pour découvrir que le sol était recouvert de petits papiers laissés là après un « chantier découpage ». J'ai eu envie de râler car j'avais balayé mon salon le matin même.
Marshall B. Rosenberg, psychologue et fondateur de la Communication non violente (NVC – *Non Violent Communication*), explique, dans son livre *Les Mots sont des fenêtres (ou bien ce sont des murs)*, que si l'on veut communiquer sans violence et être entendu, il faut suivre les quatre étapes suivantes :

1. **décrire la situation** qui contribue ou non à mon bien-être : « *Lorsque je vois tous les petits papiers de votre chantier de découpage par terre dans le salon* ». Remarquez que lorsque je décris, je parle de moi, de ce que je vois, de ce que je vis. Je ne parle pas de l'autre et je ne le juge pas. Je ne dis pas : « *Quand tu laisses tout ton bazar par terre* » ;
2. **exprimer comment je me sens** face à cette situation : « *Je me sens découragée car j'avais rangé le salon ce matin.* » Une fois de plus je parle en mode « *je* » et non pas en mode « *tu* » et je me retiens de toute forme de jugement. Je ne dis pas : « *Je trouve que tu te moques de moi* » ou : « *Tu fais toujours du bazar, tu ne ranges jamais tes affaires* » ;
3. **dire les besoins** qui sont à l'origine de mes sentiments : « *J'ai besoin d'un minimum d'ordre pour pouvoir fonctionner, me sentir heureuse et disponible pour ma famille* » ;
4. **exprimer clairement ma demande** (sans exigence) de ce qui pourrait contribuer à mon bien-être. Dire les actions concrètes, en langage positif, que je voudrais voir entreprises dans l'instant présent (cette étape primordiale est souvent oubliée) « *est-ce que tu peux passer le balai dans le salon avant le dîner ?* » (dire quand on veut que ce soit fait augmente grandement les

chances de réussite car votre interlocuteur a une image claire de ce qu'on attend de lui).

Et à cela je voudrais ajouter une dernière étape qui est comme une « négociation ». Étant donné que notre demande n'est pas un ordre, l'autre a tout à fait le droit de nous répondre « *non* ». Il faut alors poursuivre le processus pour trouver un accord.

Les personnes autour de moi savent très bien désormais ce que je veux dire quand je dis qu'il faut qu'on trouve un accord. Ils entendent ma fermeté et ma prise de responsabilité pour satisfaire mon besoin. Je leur dis : « *Je ne vais pas baisser les bras sur mon besoin, on doit trouver une solution* », et en même temps : « *Je ne vais pas te forcer, soyons créatifs et trouvons un accord* ». Parfois la personne peut refuser ma première demande, mais suggérer une autre chose qu'elle est prête à faire, comme : « *Maman, tu passes le balai et moi je mets la table.* »

Comme vous pouvez le voir, cela demande de prendre un peu de recul face à sa propre frustration. Nous ne sommes plus dans la réaction brutale, dans la force. Ici, pour réussir à ne pas râler, on doit vraiment apprendre à se connecter avec nos besoins et nos émotions pour pouvoir les nommer. On doit réussir à se dire : « *Dans le fond, pourquoi j'ai envie de râler, qu'est-ce qui m'énerve ?* » Et surtout, on ne doit pas oublier de faire sa demande tout en acceptant qu'elle sera peut-être négociée.

En essayant de mettre cela en pratique, vous prendrez vite conscience que ce qui vous fait râler est rarement ce sur quoi vous râlez ! En effet, vous constaterez rapidement que ce qui vous énerve est en fait rarement ce qui est devant vous. Les papiers par terre ne m'énervent pas vraiment. Je pourrais même les ramasser moi-même ou les laisser sur le sol. Je pourrais ignorer ma frustration et me forcer à voir la vie en rose. Mais ce serait ignorer ce qui m'énerve vraiment et qui est bien plus profond : le manque de collaboration dans le rangement de la maison et mon besoin d'ordre pour fonctionner. Si je ne satisfais pas ce besoin, il n'y a aucune chance que je puisse ne pas râler pendant 21 jours !

Nous avons tous des besoins profonds de sécurité, de respect, d'ordre, de réconfort, de repos, de liberté, d'intégrité, de considération d'appartenance... Et quand ces besoins ne sont pas satisfaits nous passons par différentes émotions. Si vous tentez ce challenge, vous aussi prenez le temps de voir ce qui est au cœur de vos émotions et quel besoin n'est pas satisfait. La situation qui vous fait râler n'est qu'un révélateur de votre besoin inassouvi. Saisissez alors cette opportunité pour identifier ce besoin profond et y répondre efficacement.

Une chose très importante que Marshall B. Rosenberg nous apprend est qu'une émotion n'est ni bonne ni mauvaise. Elle est ! Il n'y a pas de honte à se sentir dégoûté, accablé, consterné, contrarié, démoralisé, embarrassé, démuni, horripilé. Il est essentiel de prendre le temps de nommer notre frustration (voir la liste détaillée des émotions et des besoins, p. 179). Ce qui est important avec ce challenge ce sont nos réactions face à nos frustrations. On peut soit râler, accuser, ou tenter de forcer les autres, soit prendre en main notre besoin, le communiquer sainement et avancer, dans le respect de tous. Ce challenge nous invite à profondément prendre conscience que râler ne nous permettra pas de satisfaire notre besoin et supprimer notre frustration. Bien au contraire, râler va l'alimenter.

Si vous pensez vous lancer dans le challenge mais que vous hésitez encore, posez-vous ces questions.

- # Quel genre de message partagez-vous aujourd'hui avec vos enfants, votre conjoint, vos parents, vos frères et sœurs, vos amis, vos collègues et tous ceux qui vous entourent ? Combien de temps êtes-vous prêt à vivre encore entouré de ces drames, conflits et malentendus ?
- # Combien de temps êtes-vous prêt à continuer à râler sur vous-même ?
- # Êtes-vous satisfait de la vie que vous êtes en train de créer ? Êtes-vous heureux tous les jours ou en souffrance, en train de râler ?

Regardez votre journée d'hier, votre dernière semaine, et décidez si vous êtes satisfait de la place de vos râleries dans votre vie. Prenez conscience du pouvoir de vos mots sur votre vie et celles de ceux qui vous entourent. Peut-être qu'avant vous aviez l'excuse de ne pas être conscient. Mais maintenant vous savez, vous savez à quel point vous râlez et la décision est entre vos mains. C'est votre choix.

RAPPEL

Apprenons à utiliser les techniques de communication non violente de Marshall B. Rosenberg :

- décrire la situation sans jugement ;
- exprimer comment je me sens ;
- dire mes besoins qui sont à l'origine de ma frustration ;
- exprimer clairement ma demande en étant prêt à négocier pour trouver un accord.

Vous trouverez en annexe de ce livre (voir p. 179) une liste des besoins et des émotions créée par le Centre de communication non violente. Cette liste vous aidera à trouver les mots pour décrire votre frustration et votre besoin de manière constructive. Dans la rubrique Ressources, vous trouverez aussi une liste de livres que je vous conseille vivement si vous souhaitez approfondir cette méthode.

REMPLACER NOS RÂLERIES PAR DES CÉLÉBRATIONS

Comme je l'ai expliqué dans la première partie de ce livre, une des raisons qui m'a poussée à commencer ce challenge vient de mon désir de célébrer davantage mon quotidien. Prendre le temps de déguster tous ces petits moments de ma journée qui sont précieux et délicieux, et ne pas laisser mes râleries tout gâcher. La première chose à faire était pour moi de prendre la décision d'être attentive pour ne pas les laisser passer inaperçues.

> *« Comment être en paix dès maintenant ? En faisant la paix avec l'instant présent.*
> *L'instant présent est le terrain de jeu où la vie se joue. En effet, elle ne peut se jouer nulle part ailleurs.*
> *Une fois que vous avez fait la paix avec l'instant présent, observez ce qui se produit, ce que vous pouvez faire ou choisir de faire, ou plutôt, ce que la vie fait en vous.*
> *Le secret de l'art de vivre, le secret du succès et du bonheur se résume à cinq mots : Faire un avec la vie.*
> *Faire un avec la vie, c'est faire un avec le moment présent.*
> *À ce moment-là, vous réalisez que ce n'est pas vous qui vivez votre vie, mais la vie qui vous vit. La vie est le danseur et vous, la danse. »*
>
> Eckhart Tolle, *Nouvelle Terre*, Ariane, 2005

Notre cerveau est un organe fantastique. Il absorbe et traite des tonnes d'informations.
Et pourtant, vous le savez bien, on n'a pas en permanence « conscience » de ce que notre cerveau est en train de faire et d'emmagasiner.
En fait, c'est notre attention qui détermine ce dont nous avons conscience. Notre attention, c'est un peu comme un radar qu'on allume. Un radar qui prend certaines informations et les met au-devant de notre conscience, ou comme une grosse lampe qui met en lumière certaines choses afin qu'on les voie clairement. Ce que ce radar met en évidence devient notre réalité. On peut choisir de diriger la grosse lampe sur tout ce qui rend notre vie « difficile », qui nous ralentit, nous bloque, nous limite, nous frustre ou

bien on peut choisir de diriger la lumière sur tout ce qui marche, tout ce qui est beau et agréable dans notre vie.
En plus notre conscience joue un peu comme un aimant. Si notre radar « rien ne va » est en route, alors notre attention est concentrée sur la détection et la mise en lumière de tous nos problèmes. Ce radar est très pointu et efficace. Et bien souvent, quand il est allumé, on risque d'attirer encore plus de galères dans notre vie (probablement parce qu'on s'est mis dans cette disposition d'esprit). Tandis que si notre radar « bien-être » est allumé, on a la chance au contraire d'attirer plus de raisons d'être heureux.
Notre expérience de chaque instant de notre journée dépend de notre radar, de notre conscience. Car finalement, selon ce que notre radar pointe, on peut passer une très bonne ou une affreuse journée.

> *« Soyez, à partir de maintenant, votre ami numéro un. Lorsque vous vous apprêtez à médire, lorsqu'un sentiment de colère vous traverse, songez : "Aimerais-je que les effets de cette pensée me reviennent et se manifestent dans ma vie ?" Jugulez-la instantanément, et remplacez-la par son opposé lumineux. »*
>
> Marcelle Auclair, *Le Livre du bonheur*, Seuil, 2003.

C'est exactement la raison pour laquelle j'ai voulu commencer le challenge. En râlant, je me mettais dans des situations où plein de raisons de râler se présentaient à moi !
Voici un dessin (p. 81) qui illustre un matin vécu dans le challenge, un matin où j'ai dû choisir quel radar je voulais allumer. Laissez-moi vous raconter...
J'avais oublié de sortir les poubelles. Entendant le camion arriver dans ma rue, j'ai couru dehors en pyjama et sans chaussures, et dans ma précipitation je me suis fais mal au pied et j'ai renversé la poubelle. À ce moment-là, j'ai vraiment senti que j'étais à un embranchement et que je pouvais choisir mon chemin. La réaction

Et vous, vous choisissez quoi ?

"normale" aurait été de râler... Et pourtant j'ai choisi de ne pas me laisser embarquer à commencer une journée du mauvais pied.

OUTIL

Vous aussi utilisez cette image du radar pour vous aider dans ce challenge. Si vous sentez que le radar de la râlerie s'est mis en route automatiquement, alors prenez une grande respiration et faites le geste d'allumer le radar de la célébration en appuyant sur votre front, entre vos yeux (à l'emplacement de votre troisième œil*). Le geste va vous aider à accéder à la sagesse qui est en vous, cette part de vous qui a envie de rester « zen » et de savourer la vie.

*Le troisième œil est une métaphore mystique orientale qui désigne le regard qui correspond à la connaissance de soi. Généralement, on le place symboliquement sur le front, entre les sourcils.

Dans son livre *A Complaint Free world*, Will Bowen parle de toutes les fois où dans notre vie nous utilisons des expressions du genre « Évidemment ! » « Ça m'arrive à tous les coups ! » « J'ai vraiment pas de chance ! ». Et c'est vrai que, avant le challenge, trop souvent mon radar de la râlerie était allumé et on pouvait m'entendre dire :

« Quoi encore ? »
« Évidemment, je demande de l'aide et personne ne vient m'aider... »
« J'en étais sûre que ça allait arriver, je l'avais bien dit pourtant, et maintenant évidemment c'est à moi de régler le problème. »

Maintenant, j'essaie de changer ma vision des choses en allumant le bon radar. Finalement, ma vie est toujours pleine de « *quoi encore* » « *évidemment* », « *j'en étais sûre* »... Mais ce ne sont plus les mêmes du tout.

Après avoir passé 21 jours consécutifs sans râler, on peut régulièrement m'entendre dire :

« J'ai de la chance, mes enfants réclament encore mon attention. Je dois être un bon repère pour eux. Je leur fais du bien. Je vais tout faire pour que cela dure ! »

« Évidemment j'ai plein de choses à faire, j'ai construit mon activité pour être active, c'est logique ! »
« J'en étais sûre qu'on passerait une bonne soirée ensemble ! »
« J'en étais sûre que je pourrais trouver du temps pour aller faire du sport cette semaine. »

Et si vous éteigniez le radar qui fait briller vos galères, vos obstacles, vos contrariétés, et au contraire cherchiez à allumer votre radar qui met la lumière sur le beau, le bon, le bien, le possible ? Le radar de la célébration, le radar du remerciement.

« Voici la loi essentielle : la pensée crée – la parole crée »
Marcelle Auclair, *Le Livre du bonheur*.

J'ai personnellement trouvé qu'apporter la célébration sur le devant de ma vie alors que je supprimais les râleries était tout à fait adéquat. Je crois en effet que, dans la vie, lorsque nous voulons supprimer une habitude il faut la remplacer par une autre qui nous convient mieux. Notre conscience n'aime pas le vide, et si nous nous contentons de retirer les râleries, elle va tout faire pour remplir à nouveau ce vide. Remplacez donc vos râleries par des mercis !
Pour nous aider à prendre l'habitude d'allumer le radar de la célébration, j'ai choisi de créer un rituel familial. Tous les soirs, réunis autour de la table pour le dîner, nous prenons le temps de célébrer les bonnes choses que nous avons vécues ce jour. Les enfants veulent célébrer les récréations, et surtout la joie d'avoir des amis sur lesquels ils peuvent compter, nous, les parents, célébrons le rendez-vous efficace ou le plaisir d'avoir avancé dans nos projets, la blague qu'un collègue nous a racontée ou le côté marrant de la vie, le nouveau contrat que nous avons signé ou la satisfaction d'y avoir contribué.
C'est un rituel établi depuis maintenant plusieurs mois, même si tout le monde n'est pas obligé de participer (on peut se sentir tout

drôle et bizarre de célébrer, surtout au début !). Finalement, je remarque que maintenant tout le monde y prend plaisir, y compris mon mari. Notre petite dernière de 4 ans aime beaucoup ce rituel, et s'il nous arrive de l'oublier, elle nous rappelle à l'ordre en disant : « *Maman maman, j'ai quelque chose à célébrer !* »

Arrêter de râler et commencer à célébrer, c'est choisir de croire que la vie est belle et qu'elle est là pour nous. Einstein a dit un jour que la question la plus importante que nous pouvons nous poser est : « *Est-ce que la vie est notre amie ?* » Oui, la vie est pleine de galères, de guerres et d'atrocités, et bien souvent les médias allument le radar qui sonne l'alarme et nous montrent les dangers et les horreurs de la vie. Et pourtant, quand on écoute les sages de tous les temps (Bouddha, Gandhi, Mère Teresa...), ils nous communiquent des messages d'espoir, de paix et de beauté de la vie. À choisir entre les médias et les sages, je choisis d'écouter les sages parce que leur message fait sortir le meilleur de moi-même et m'invite à ne pas aller contre la vie. Ils m'invitent à ne pas juger le passé, que je ne peux pas changer, et à faire de mon mieux pour contribuer au futur. Ils me donnent espoir et j'ai envie de les croire. Je pense que leur message est porteur de paix, de pardon et de bienfait.

Alors, avec ce challenge, je voudrais vous inviter à dire, parler, communiquer sur toutes les choses que vous avez à célébrer depuis que vous vous êtes levé ce matin. Ne vous contentez pas d'ajouter des pensées positives, mais comblez le vide du manque de râleries par des mots de célébration à mettre dans vos conversations.

OUTIL

- Comblez le vide : vous avez retiré des râleries, remplacez-les par des mercis !
- Remplacez les conversations où vous râliez par des conversations où vous montrez toutes ces choses qui font que la vie est belle, que vous avez de l'espoir, des projets, l'envie de profiter.
- Prenez le temps de dire aux autres (les membres de votre famille, vos collègues, vos amis…) ce que vous appréciez chez eux.
- Mettez en place le rituel de la célébration au sein de votre foyer.
- Au bureau, commencez vos réunions par parler pendant 5 à 10 minutes de ce qui marche, prenez le temps de remercier les participants pour leur présence, soulignez la contribution de chacun sur les projets en cours… vous serez alors tous plus motivés pour améliorer le reste, ou continuer d'avancer sur les dossiers qui ont besoin de toute votre attention.

#05 PRENDRE SA VIE EN MAIN

NE PAS REPORTER À DEMAIN

Pour réussir ce challenge, il faut déjà arrêter de reporter au lendemain ce qu'on pourrait commencer aujourd'hui. Nous sommes bien engagés dans le livre maintenant, et si vous êtes toujours en train de le lire, c'est bien que quelque part ce message vous interpelle. Une part de vous a sans doute profondément envie d'intégrer cela dans votre vie. Et pourtant je suis prête à parier qu'une autre part de vous est tentée de reporter ce challenge à demain. Une part de vous a envie d'attendre que vous soyez « prêt ». Il y a toujours quelque chose qu'on souhaiterait « régler » avant de commencer. Peut-être que vous vous dites : « *J'arrêterai de râler quand* »...

j'aurai un travail ;
je serai moins fatigué ;
j'aurai fini mon déménagement ;
j'aurai un amoureux ;
j'aurai mon nouveau travail et n'aurai plus à subir mon supérieur ;
je serai sorti de mes soucis financiers ;
les grèves seront finies...

On a en effet tous tendance à croire que notre vie sera meilleure et plus sereine plus tard, quand on aura reçu ou changé des choses... et qu'ensuite on pourra arrêter de râler.

Les spots publicitaires et les campagnes de marketing qui nous inondent cherchent d'ailleurs à nous convaincre de cela. Ils sont

partout, dans les transports en commun, sur le bord des routes, à la télévision, à la radio... Ils nous disent à quel point notre vie sera meilleure quand... nous posséderons ce nouveau produit ou nous aurons accès à ce nouveau service. Le nouveau modèle de cette voiture est la clé de notre bonheur, et nous allons enfin être vus et reconnus, ce rouge à lèvres va augmenter notre estime personnelle et nous mettre en valeur, ce complément alimentaire va enfin nous permettre de nous sentir en forme et nous donner de l'énergie...
Nous sentons tous bien qu'il y a parfois un vide dans notre vie et les rois du marketing nous font croire que nous devons le combler avec des choses nouvelles pour avoir une vie heureuse. Et, au bout du compte, nous sommes constamment en train de mettre notre bonheur et notre sérénité « sous condition ». On attend que tout soit parfait, et finalement on reporte au lendemain voire au surlendemain, pour profiter pleinement de notre vie. Et ainsi de suite.
Dans son livre *Et si le bonheur vous tombait dessus*, Daniel Todd Gilbert, professeur de psychologie à l'université de Harvard, montre à quel point les gens se trompent quand ils imaginent leur futur, et tout particulièrement quand ils imaginent ce qui va les rendre heureux. Daniel nous emmène aux pays des leurres, de la rationalisation et des illusions mentales et nous démontre combien on surestime ce qu'on espère tirer des choses qu'on veut obtenir. Que ce soit les vacances sur une île paradisiaque ou la promotion tant attendue. Chaque fois la nouvelle chose nous apporte finalement bien moins de bonheur que ce que l'on pensait. Ses recherches, basées sur la psychologie, les sciences cognitives et les neurosciences, nous montrent que lorsque nous envisageons le futur, notre imagination est atteinte d'illusion d'optique. Daniel Todd Gilbert nous fait comprendre que nous sommes bien incapables de contrôler l'avenir alors même que notre esprit ne rêve que de ça.
« J'arrête de râler » est un challenge qui vous invite à sortir de cette spirale qui vous empêche de profiter pleinement de chaque jour que la vie vous offre tel qu'il se présente à vous avec ses

galères, ses contretemps, ses frustrations… Cette spirale qui vous pousse à toujours vouloir quelque chose de différent et à devenir un éternel insatisfait. Avez-vous remarqué comment, bien trop souvent, on râle car il fait trop chaud alors que deux jours plus tôt on râlait sur le mauvais temps ?

Avec ce challenge, vous pouvez puiser dans votre énorme capacité (souvent ignorée) à vous adapter sans avoir à vous lamenter sur votre envie de quelque chose de différent.

Témoignage

« Alors, ce qui m'a décidée à arrêter de râler, c'est tout d'abord l'ambiance à la maison qui était devenue très électrique, voire ingérable. Avec trois enfants dont un tout-petit et un pré-ado, j'avais du mal à gérer les périodes de crise, et je me suis rendu compte que mon comportement n'arrangeait pas les choses, que même si tout ne dépendait pas de moi, les membres de la famille interagissaient et que lorsque l'un râlait, cela "contaminait" les autres.

Concernant le bureau (repaire de râleurs en tout genre), j'ai réussi à "neutraliser" une collègue très pénible par une simple petite chose : j'avais l'habitude de la saluer tous les matins en lui disant : « Bonjour X, comment ça va ? », ce à quoi elle me répondait en se lamentant sur sa vie, son mari, sa fatigue, ses états d'âme… Je me suis souvenue d'une phrase du film *Le Bal des casse-pieds* qui dit en substance qu'il ne faut jamais, mais alors jamais demander à un casse-pieds comment il va ! Maintenant je la salue en lui disant simplement : « Bonjour X ! » et elle ne déverse plus son mal-être sur moi tous les matins !

Les grandes choses que j'ai apprises sont que mon comportement influence celui de mes interlocuteurs, que râler ne fait jamais avancer les choses (au contraire), que nous avons beaucoup de choses à apprendre sur la communication non violente pour résoudre les problèmes.

…/…

…/…

Je recommande à tout le monde de se mettre à ce challenge, car à tous les stades on apprend sur nous-mêmes, sur les autres, car on se sent bien mieux lorsqu'on vit ensemble dans une bonne entente et lorsque les choses désagréables sont dites sans blesser ou culpabiliser l'autre. »
Christiane

IL N'Y A PAS DE VICTIME HEUREUSE

Une des plus grandes leçons de ce challenge a été pour moi de prendre conscience de toutes les fois où, dans ma vie, je me considérais comme une victime. Quand les écoles de mes enfants changeaient les horaires de début et de fin des cours à la dernière minute et que cela bousculait mon programme personnel et professionnel pour toute l'année; quand mon hôtel ne prenait pas en compte ma réservation; quand mes enfants me réveillaient la nuit; quand les services d'urbanisme faisaient des travaux et que je me retrouvais en retard à mon rendez-vous à cause des bouchons; quand l'économie était mauvaise et que mes finances en souffraient. Quand mon électricité était coupée car j'avais payé ma facture avec quelques jours de retard; quand ma connexion Internet était mauvaise; quand mon contact avait oublié d'annuler notre rendez-vous et que j'avais perdu de mon précieux temps…
Tous ces moments, à longueur de journées, étaient comme des flèches qui m'attaquaient. Et bien souvent j'avais tendance à vouloir baisser les bras. À me dire que « *c'est vraiment une journée pourrie* », ou à penser: « *J'en étais sûre, ça n'arrive qu'à moi ce genre de choses* », ou encore: « *Et vlan une galère de plus* ».
La découverte de cette histoire de l'âne au fond du puits m'a beaucoup aidée à changer de perspective. C'est une histoire que

j'avais lue il y a quelques années, mais tout d'un coup, dans le cadre de ce challenge, je pouvais me l'approprier et l'appliquer concrètement dans ma vie.

La légende de l'âne et du puits

Un jour, l'âne d'un fermier est tombé dans un puits. L'animal gémit pitoyablement pendant des heures, et le fermier se demande quoi faire. Finalement, il décide que l'animal est vieux et le puits doit disparaître. De toutes façons, ce n'était pas rentable pour lui de récupérer l'âne. Il invite alors tous ses voisins à venir l'aider. Avec une pelle, ils commencent à boucher le puits.

Au début, l'âne réalise ce qui se produit et se met à braire. Puis, à la stupéfaction de chacun, il se tait. Quelques pelletées plus tard, le fermier regarde dans le fond du puits et est étonné de ce qu'il voit. Avec chaque pelletée de terre qui était tombée sur lui, l'âne avait fait quelque chose de stupéfiant : il s'était secoué pour enlever la terre de son dos et était monté dessus. Bientôt, chacun est stupéfié de voir l'âne sortir du puits et se mettre à trotter !

La vie va essayer de vous engloutir sous toutes sortes d'ordures. Le truc pour se sortir du trou est de se secouer pour avancer. Chacun de nos ennuis est une pierre qui nous permet de progresser. Nous pouvons sortir des puits les plus profonds en n'arrêtant jamais. Ne jamais abandonner ! Secouez-vous et foncez !

Si l'âne avait choisi d'être victime et avait continué de braire et râler, il serait enterré au fond du trou. Au lieu de cela, il a choisi de se prendre en main et d'être créatif. Souvent, quand moi-même je me sens au fond du trou, je repense à cet âne. Quand je me sens paralysée par ce qui m'arrive et que j'ai juste envie de pointer du doigt les coupables en râlant, je prends pleinement conscience

que cela ne me fera pas sortir du trou. Bien au contraire, si je me contente de râler je vais finir engloutie sous mes râleries.
Désormais, quoi qu'il m'arrive, même si j'ai l'impression de subir quelque chose que « quelqu'un me fait », j'essaie de ne plus perdre mon énergie à juger ou à râler, car j'ai désormais conscience que cela me rend encore plus misérable, et surtout cela ne me fait pas avancer.

LIBÉRONS LES COUPABLES !

D'ailleurs, avez-vous remarqué à quel point on a profondément besoin de trouver des coupables pour tout ce qui nous arrive ? Ah, ces coupables, on les aime, on les cherche et on passe notre temps à les pointer du doigt... C'est comme s'ils nous donnaient de la consistance !
On se dit : « *C'est vrai ce n'est pas notre faute à nous, et puis vraiment, si seulement on pouvait les discipliner un peu, ses coupables... notre vie serait tellement plus simple !* » On râle, on se plaint : « *Si seulement les coupables pouvaient comprendre, aider, être plus responsables, avoir plus de respect pour nous, pour les règles...* »
Je me souviens très bien avoir été dans cette situation moi-même pendant mon challenge. J'étais à la plage avec mes filles. J'avais envie de me détendre, de lire un magazine et de profiter de ce moment loin de mes ordinateurs et de mon téléphone. Et mes filles (mes coupables du moment) n'arrêtaient pas de me demander des choses : « *Maman j'ai faim, maman, je ne trouve pas mon maillot de bain, maman, j'ai besoin d'aller aux toilettes...* »
Elles étaient très polies, et pourtant je me suis mise à râler car une part de moi avait profondément envie que mes filles soient autonomes, qu'elles arrivent à jouer et à se débrouiller toutes seules, qu'elles me laissent tranquille !!! Je ne pouvais pas me détendre et c'était de leur « faute », et pourtant elles se comportaient comme

des petites filles normalement constituées. C'est ce jour-là que j'ai réalisé à quel point j'avais tendance à toujours vouloir trouver des coupables responsables de mes frustrations.

Ce jour-là j'ai pleinement pris conscience que je pouvais être frustrée non pas parce que les autres me faisaient subir quelque chose, mais parce que j'avais des attentes qui n'étaient pas compatibles avec ma réalité du moment (comme lire un livre quand je suis seule à la plage avec mes trois enfants).

J'avais donc un choix à faire, je pouvais :

soit râler car je ne pouvais pas lire tranquillement ;

soit profiter d'être à la plage et saisir cette opportunité pour faire une activité avec elles (me baigner, construire un château de sable, ramasser des coquillages...).

Pour cela j'ai dû arrêter de me sentir victime et faire le deuil de mon désir de lire. Mais de toute façon, espérer ne pas être interrompue était absolument irréaliste ! J'ai pris conscience que si je voulais lire en paix je devais créer un scenario différent et compatible, comme lire le soir plutôt que de regarder un film, ou m'accorder une pause au café du coin dès le lendemain, quand mon mari serait disponible pour les enfants.

Avec ce challenge, apprenons à libérer les coupables ! Cessons d'accuser les autres de tous nos maux. Nos collègues de travail qui nous fatiguent, le percepteur qui prend notre argent, les transports en commun qui sont en retard, l'économie qui nous déprime.

RAPPEL

Comme l'âne au fond du puits, ne râlons pas comme des victimes, au contraire prenons-nous en main et restons créatifs.

Arrêtons de pointer du doigt les coupables et de rendre les autres responsables de nos problèmes. C'est la clé de notre bonheur

FAIRE ATTENTION À LA PRESSION QUI MONTE… COMME DANS UNE COCOTTE-MINUTE

Témoignage

« “J’arrête de râler” peut sembler pour certains comme un aveu de faiblesse, l’impression d’être un béni-oui-oui. Mais “arrêter de râler” ne signifie pas “être d’accord sur tout” et retenir ses désaccords. »
Albert de Petigny

J’ai remarqué en faisant ce challenge que je râlais très très souvent, car en fait j’explosais suite à une situation qui avait duré trop longtemps ou qui se répétait. Je râlais car auparavant j’avais réussi à me contenir, à voir les choses du bon côté, à prendre sur moi et à me taire pour ne pas être la sorcière de service… Et finalement, au bout d’un moment, j’explosais ! Comme le bouchon d’une cocotte-minute que l’on doit retirer. La pression était montée trop haut, cela devenait intenable et il fallait que ça sorte sous pression ! En râlant ! Pour faire du vide… Dans ces moments-là on a tendance à se dire que « râler sert à quelque chose ». Mais en fait on aurait tout simplement pu éviter d’en arriver là, non ?
J’ai en effet profondément pris conscience que, face à une situation difficile, il est important que je ne réprime pas ma frustration, que je ne cherche pas à la contenir, car sinon au bout du compte la cocotte-minute explose – et parfois même dans une situation qui n’a rien à voir avec ma frustration initiale, d’ailleurs !

Prenons un exemple que j'ai vécu : je suis frustrée car ma petite fille pleure et veut que je la porte toute la journée. Je subis ses demandes car je n'ai pas le courage d'affronter le problème et de gérer la crise si je dis non, alors je choisis de me taire, je la porte et je fais tout ce que je peux pour qu'elle arrête de me crier dans les oreilles. J'encaisse... Et à un autre moment de la journée, mon autre fille me réclame un truc quelconque, et là, j'explose ! « *Il y en a marre, ce n'est pas possible, je ne peux pas tout faire, je suis fatiguée, tu pourrais te débrouiller !!!* » Ma réponse est disproportionnée par rapport à sa demande, elle est liée à une frustration plus ancienne, trop longtemps contenue. Cette frustration fait abruptement irruption dans une autre situation. La cocotte a explosé sur mon autre fille, qui n'y est pour rien... Elle accuse le coup de cette frustration que j'ai retenue toute la journée, car je n'ai pas pris soin de moi et de mes besoins. Je n'ai pas su faire respecter mes limites, alors je me sens victime et encore plus triste de m'être énervée.

Un autre scénario (aussi vécu) pour ceux qui n'ont pas d'enfant : je travaille sur un projet difficile depuis plusieurs jours, les heures passent et je n'ai toujours pas fini. Je pourrais me faire aider, mais je ne sais pas trop comment et j'ai peur que cela me coûte trop cher (et c'est plus simple de faire soi-même que de former quelqu'un). Je saute des repas, me couche tard, vidée. Je commence à fatiguer et à être frustrée. D'autant plus que ce n'est pas la première fois que je me retrouve dans cette situation. De surcroît, d'autres personnes viennent à moi et réclament mon aide. Ce n'est pas grand-chose, juste un petit truc par-ci par-là, et je dis oui car je ne me vois pas dire non. Ce sont des gens que j'ai envie d'aider. Au bout de quelque temps je commence à me sentir tirée dans tous les sens. Finalement, un jour, en fin de journée, mon ordinateur me lâche et là, j'explose. Je me mets à râler, je suis profondément en colère. Le souci informatique est la goutte qui fait déborder le vase, le déclencheur qui fait sauter la cocotte-minute. Mais la pression était là depuis plusieurs jours, elle mon-

tait progressivement, et je n'ai rien fait pour la réduire au fur et à mesure. J'ai laissé la situation empirer.
Avec ce challenge, j'ai vraiment pris conscience de l'importance de vider la pression de la cocotte-minute au fur et à mesure. Être vigilante quand je sens que la pression monte, prendre soin de moi, poser mes limites, exprimer mes besoins, dire non parfois, demander de l'aide, inverser la pression avant que la situation dégénère, ou aussi, parfois, changer mon point de vue sur celle-ci. C'est un challenge de chaque heure, de chaque instant, mais qui est source de tant de sérénité.

OUTIL

Écoutez votre corps et arrêtez-vous quand vous sentez la pression monter, vos oreilles qui chauffent, votre ventre qui se noue… votre corps vous parle et vous dit que la situation est en train de dériver.

Que pouvez-vous faire pour soulager la pression ? Définissez trois actions et planifiez de les réaliser dans les 48 heures à venir.

Vous avez trop de travail ?	Apprenez à dire non ou à demander de l'aide.
Votre maison est sale et en bazar ?	• Déléguez ce que vous pouvez aux membres de votre famille (mon mari et mes enfants de 10 et 8 ans font leur lessive eux-mêmes depuis deux ans). • Faites le choix financier de couper une dépense et de prendre une femme de ménage au moins une fois tous les 15 jours.
Vous êtes fatigué ?	Couchez-vous avant 22 heures au moins un soir sur deux.
Vous ne vous sentez pas respecté ?	Osez demander qu'on vous parle sur un autre ton.

SAVOIR ANTICIPER

Parfois, prendre soin de ses frustrations ne passe pas forcément par dire les choses « après coup ». Il faut aussi savoir exprimer ses attentes « avant », quand il n'y a pas encore de problème (c'est tellement plus simple). Par exemple, si au travail, à la maison, en famille ou entre amis vous savez qu'il y a des situations qui ne vous conviennent pas, alors prévenez les personnes qui sont autour de vous.

Avec mes amies ou mes frères et sœurs, on se retrouve souvent avec tous nos enfants et, comme vous le savez peut-être, dans ces moments-là tout le monde doit prendre un peu sur soi.

Je prends désormais le temps de dire mes attentes, dire ce qui me convient, expliquer en quoi je suis souple par rapport à la vie communautaire, et citer les moments où j'ai plus de besoins, et les autres font de même. Voilà ce que ça peut donner :

- # *« Moi les cris des enfants à table, ça me porte sur les nerfs. Est-ce que chaque parent peut gérer son enfant et l'emmener dans la pièce d'à côté s'il fait une crise ? »*
- # *« Moi, cela ne me gêne pas qu'on me dise que je dois préparer le déjeuner, je préfère qu'on me confie un truc plutôt que vous le fassiez à ma place en ronchonnant car je n'ai pas été assez réactive à vos yeux. »*
- # *« Moi, me retrouver à 20 dans une maison, cela ne me va pas et je n'en profite pas car on n'arrive pas à se rencontrer et à se détendre et je n'arrive pas à fonctionner dans tout ce bruit. Je préfère vous voir en plus petit comité. »*
- # *« Moi, tant que je peux faire ma sieste au calme, je suis heureux ! »*
- # *« Moi, ce qui me ferait plaisir, c'est de pouvoir aller marcher 45 minutes tous les matins. Si vous me gardez mes enfants, je vous garde les vôtres pendant la sieste. »*

Ainsi, chacun a l'opportunité de dire ce dont il a besoin pour que tout se passe bien. Et ensuite nous faisons tous un effort. Parfois il y a des imprévus et un besoin ne peut pas être satisfait, mais chacun a été entendu et nous restons tous flexibles. Nous ne sommes ni bornés ni irréalistes.

OUTIL

Posez vos limites à l'avance, quand c'est facile parce que l'autre n'est pas mis en défaut.
Sachez reconnaître les scénarios qui ne vous conviennent pas et évitez-les.
Faites le point régulièrement. Parlez du moindre malentendu ou problème **tout de suite**, quand c'est encore gérable, pour empêcher la pression de monter.
Mettez en place un conseil de famille pour permettre à tout le monde de s'exprimer et d'être entendu.

Au travail, j'essaie de faire de même avec mon équipe. Je les préviens à l'avance de la façon dont je fonctionne et de ce qui marche le mieux pour moi. Par exemple, très récemment, j'ai intégré une nouvelle personne dans mon équipe, j'ai pris le temps de la prévenir de ma manière de fonctionner (y compris en lui disant mes défauts) pour lui éviter de râler à cause de malentendus. Je lui ai dit : « *D'une manière générale, je suis assez directe dans mes communications par mail, je ne mets pas toujours les formes car j'écris souvent très vite, entre deux autres choses. Mais j'ai besoin que tu aies confiance dans le fait que je suis toujours pleine de bonnes intentions. Si j'ai une remarque ou que je ne suis pas satisfaite de ton travail, je te le dirai toujours en face à face, et j'attends la même chose de toi.* »
De la même manière, pour éviter que les frustrations s'accumulent, je vais communiquer avec les membres de mon équipe et leur dire dès le début exactement ce que j'attends d'eux et comment je vois la réussite de notre collaboration.

Ainsi au travail, entre amis et en famille, je communique clairement mes attentes dès le départ. Je préviens les autres de la façon dont je fonctionne, de mes besoins et de ce qu'ils peuvent attendre de moi. Régulièrement je fais le point avec eux pour voir si on a un trop-plein de non-dits ou de frustrations. Je communique le plus possible avant que le problème n'arrive, quand les émotions fortes négatives ne sont pas encore présentes, quand la pression dans la cocotte-minute est encore loin de la faire exploser. C'est tellement plus sain (et surtout tellement plus facile) !

RAPPEL

- Faisons régulièrement le vide de la cocotte-minute. Occupons-nous de nos frustrations au plus vite avant que cela ne dégénère et que nous explosions.
- Prévenons les crises en communiquant avec les autres avant que les problèmes ne soient trop présents.

ACCEPTER D'ÊTRE IMPARFAIT

Ce challenge nous invite à nous pousser à être au mieux de nous-mêmes, mais aussi à accepter que nous ne serons jamais parfaits. Il est normal d'échouer au cours du challenge et de devoir recommencer. Il est normal aussi de se tromper et de faire des erreurs dans la vie. Ne râlez pas pour autant. Libérons-nous de la pression qui consiste à essayer d'être parfaits. Autorisons-nous des actions imparfaites.

Arrêtons de nous sentir accablés par toutes nos obligations, «*je dois faire ceci, je dois faire cela...*» et reconnectons-nous avec ce qu'on a profondément envie de faire. Car nous avons tous envie de faire de notre mieux et c'est cela qui compte. Gardez bien cela en tête dans votre quotidien.

REMETTRE LE PLAISIR AU CŒUR DE SA VIE

J'ai une bonne nouvelle pour vous. Un des moyens les plus agréables de contribuer à la réussite de ce challenge est de redonner sa place au plaisir dans votre vie. Eh oui, « se faire plaisir » plus souvent est un excellent moyen de râler moins ! Si nous avons des sources de plaisir dans notre vie, nous aurons beaucoup moins tendance à mettre l'accent sur ce qui cloche dans notre quotidien. Nous serons moins aigris. On finit toujours par faire payer à quelqu'un ce qu'on s'est forcé à faire.

Ce qui me surprend toujours, c'est que nous savons tous que c'est à nous-mêmes de nous faire plaisir dans notre vie, et pourtant, bien trop souvent, nous résistons. Une part de nous a très envie de « se laisser aller à s'accorder du plaisir », et une autre se dit : « *Non ce n'est pas bien, il ne faut pas.* » Nous avons plein d'excuses : « on n'a pas le temps, on doit s'occuper des enfants, on doit travailler, on doit faire ceci ou faire cela à la place, ces choses sont plus importantes… » Et finalement, jour après jour, nous nous sacrifions.

Anne Dufourmantelle, philosophe et psychanalyste, nous dit que « *se faire plaisir implique de pouvoir vivre pleinement l'instant sans se placer sous surveillance interne*[7] ». Eh oui, pour réussir le challenge de ne pas râler pendant 21 jours consécutifs, il faut savoir parfois faire taire notre petite police interne qui nous maintient concen-

7 Psychologies.com

trés sur notre liste de choses à faire et nos responsabilités. Il faut savoir se reconnecter avec ce plaisir à prendre dans le moment présent.
Je tiens à préciser que le plaisir est tout d'abord une expérience charnelle et sensuelle qui n'a souvent rien à voir avec le fait de s'acheter un nouvel objet ou d'obtenir quelque chose de neuf. Je ne vous dis pas de ne plus craquer pour un petit cadeau que vous vous faites à vous-même, un gadget technologique ou un nouvel habit qui vous fera vraiment plaisir, bien au contraire.
Mais souvenez-vous que le plaisir se trouve surtout dans l'instant présent, dans votre corps, dans des choses auxquelles vous avez accès facilement. Ce peut être s'accorder le temps de faire une sieste ou de lire un livre au calme, contempler des œuvres d'art ou bien prendre le temps de faire du sport, d'aller prendre l'air dans la nature (certains considèrent que la marche peut résoudre tous les problèmes et je veux bien les croire), ou de danser régulièrement (c'est mon activité plaisir préférée). Le plaisir peut se trouver aussi juste dans le choix conscient de sentir ce qui nous apporte du plaisir dans notre quotidien : un goût, un parfum, une image, les choses que nous trouvons belles, celles qui nous inspirent, nous font sourire ou nous amusent... La liste peut être longue.
À nous de trouver quelles sont les choses qui nous font profondément plaisir. Ces choses qui nous reconnectent avec notre corps et nos sens, et ensuite autorisons-nous à ralentir, pour prendre le temps de les vivre pleinement, d'en profiter.

LE PLAISIR PAR L'EXEMPLE

Je me souviens très bien du jour où j'ai pris conscience du pouvoir de ma petite voix « police anti-plaisir » durant mon challenge. C'était un jeudi matin, et un de mes client venait d'annuler notre rendez-vous. J'avais donc, de manière tout à fait

inhabituelle, ma matinée libre, mais comme toujours une liste infinie de choses à faire.
Tous les dimanches matin, je prends des cours de Nia. Synergie entre la danse jazz, moderne et d'Isadora Duncan, le tai-chi-chuan, le taekwondo, et l'aïkido, la technique Alexander, l'enseignement de Moshé Feldenkrais® et le yoga, le Nia s'adresse au corps et à l'esprit. C'est un cours de danse qui me donne le plus grand plaisir et me fait le plus grand bien. Eh bien, souvent, je me suis dit que mon rêve serait de commencer chaque journée de ma semaine en dansant de cette manière. Le cours est aussi proposé le mardi et le jeudi matin à 9 h 30, et je n'ai jamais la possibilité d'y aller car ils se déroulent pendant mes heures de travail. Ce jeudi matin-là, mon agenda était vide et je me suis sentie déchirée entre l'envie de m'autoriser à aller à ce cours de danse et ma responsabilité d'avancer sur mon interminable liste de choses importantes et urgentes à effectuer. N'arrivant pas à me décider, j'ai quand même mis ma tenue de sport au réveil. Une heure plus tard, alors que je venais de déposer mes enfants à l'école, je me suis retrouvée face à la décision à prendre. J'étais au volant de ma voiture en direction de mon bureau, et j'ai fait demi-tour, direction le studio de danse, me disant : « *C'est trop bête, pour une fois que je peux aller danser en semaine, moi qui en rêve tout le temps* », au feu suivant j'ai refait demi-tour avec un nœud dans le ventre, direction le bureau : « *Non, vraiment, ce n'est pas sérieux, j'ai tellement de choses à faire, je ne peux pas me permettre de danser ce matin* ». Je me souviens même avoir appelé mon mari pour qu'il décide pour moi ! (Ce qu'il n'a pas fait, évidemment.) Je me sentais tellement coupable de vouloir prendre du plaisir. De lâcher prise sur les choses à faire et de vouloir juste profiter, m'amuser, me reconnecter avec mon corps... Finalement je me suis dit : « *Je fais ce que je veux* », et suis allée danser. Ce jour-là, je n'ai pas râlé. Je me sentais comme une millionnaire car je m'étais offert le luxe d'une heure de danse le matin un jour de semaine ! Le cours m'a fait le plus grand bien et m'a apporté beaucoup de plaisir. Dès le

cours fini je suis retournée travailler, motivée, concentrée... heureuse.
Vous aussi, parfois, autorisez-vous à « faire ce que vous voulez ». Sachez lâcher prise et faire taire votre « surveillance interne ». La vie est faite pour être vécue pleinement, et nos listes interminables de choses à faire pour hier ou pour demain ne doivent pas prendre toute la place. Prenez le temps de laisser de la place dans votre quotidien pour les choses importantes qui vous apportent joie et bonheur. C'est à vous de rendre ces choses prioritaires et de ne pas les laisser disparaître sous la multitude de tâches à accomplir.
Cela me rappelle une histoire qui m'a été racontée : la métaphore du vase et des gros cailloux...

Un jour, un professeur en charge de former ses élèves à la gestion du temps décida de réaliser une expérience.
De dessous la table qui le séparait de ses élèves, il sortit un grand vase qu'il posa délicatement en face de lui. Ensuite, il sortit plusieurs gros cailloux et les plaça délicatement, un par un, dans le grand vase. Lorsque le vase fut rempli jusqu'au bord et qu'il fut impossible d'y ajouter une pierre supplémentaire, il leva les yeux vers ses élèves et leur demanda :
« Est-ce que ce vase est plein ? »
Tous répondirent : « Oui. »
Il attendit quelques secondes et ajouta : « Vraiment ? »
Alors, il se pencha de nouveau et sortit de sous la table un récipient rempli de graviers. Doucement, il versa des graviers sur les gros cailloux, puis secoua légèrement le vase. Les graviers s'infiltrèrent entre les cailloux... jusqu'au fond du vase. Le professeur leva à nouveau les yeux vers son auditoire et réitéra sa question :

Plutôt que de toujours vous « sacrifier »...

Mon rendez-vous est annulé... Si j'allais à mon cours de salsa ?

Non, ce n'est pas sérieux...

Ce n'est vraiment pas raisonnable !

J'ai trop de trucs à faire

Je n'ai pas le temps

Ce serait trop classe quand même !

Parfois, « osez » profiter.

« Est-ce que ce vase est plein ? »
Ses élèves commençaient à comprendre son manège.
L'un d'eux répondit : « Probablement pas ! »
« Bien ! », répondit le professeur.
Il se pencha de nouveau et, cette fois, sortit de sous la table un sac de sable. Avec attention, il versa le sable dans le vase. Le sable alla remplir les espaces entre les gros cailloux et le gravier.
Encore une fois, il redemanda : « Est-ce que ce vase est plein ? »
Cette fois, sans hésiter et en chœur, les élèves attentifs répondirent :
« Non !
– Bien ! », répondit le professeur.
Et il prit le pichet d'eau qui était sur la table et remplit le pot jusqu'à ras bord. Le vieux professeur leva alors les yeux vers son groupe et demanda :
« Quelle grande vérité nous démontre cette expérience ? »
Un élève audacieux, songeant au sujet de ce cours, répondit :
« Cela démontre que même lorsque l'on croit que notre agenda est complètement rempli, si on le veut vraiment, on peut y ajouter plus de rendez-vous, plus de choses à faire.
— Non, répondit le professeur. Ce n'est pas cela. La grande vérité que nous démontre cette expérience est la suivante : si on ne met pas les gros cailloux en premier dans le pot, on ne pourra jamais les faire entrer tous, ensuite. »
Il y eut un profond silence, chacun prenant conscience de l'évidence de ses propos.
Le professeur leur demanda alors : « Quels sont les gros cailloux dans votre vie ? »

Une leçon importante pour moi dans mon challenge a donc en effet été de ne pas me laisser déborder par ma charge de travail et toutes ces petites choses à faire (mes graviers et mon sable) pour mener à bien vie professionnelle et familiale. J'ai pris conscience de l'importance de mettre un caillou « plaisir » dans mon vase.

OUTIL

Tous les jours, faites le point pour évaluer à quel point vous vous sentez envahi par vos contraintes. Et rééquilibrez la balance en vous accordant un moment de plaisir.

ARRÊTER DE RÂLER OU DONNER, SE DONNER ET REDONNER

Arrêter de râler, c'est arrêter de faire de nos frustrations des montagnes infranchissables. C'est arrêter d'exagérer nos soucis et de les rendre encore plus grands en râlant. Arrêter de râler, c'est se rendre compte qu'en fait il y a plein de choses merveilleuses dans notre vie, et choisir d'en profiter pleinement. Arrêter de râler, c'est aussi sortir de soi-même et tourner son regard vers la vie, vers les autres, vers ceux qui ont besoin de nous. Arrêter de pleurnicher sur son propre sort et se concentrer sur son bonheur et celui des autres. Arrêter de constamment chercher à savoir si les autres nous rendent heureux ou sont à la hauteur de ce que nous attendons d'eux, mais plutôt commencer à penser aux autres, à leur bonheur, à ce qu'on peut faire pour les aider. Essayez, vous constaterez d'un coup que la vie devient tellement plus belle, plus sereine.

Nous sommes tous constamment en train de nous battre pour « survivre » : les factures, le loyer ou l'emprunt de la maison, les frais des études des enfants, cette liste de choses à faire... et nous pouvons tous, à un moment donné, nous sentir coincés dans cette course infernale, au point de s'oublier.
Et pourtant, je crois profondément que le meilleur moyen d'arrêter de râler est d'apporter sa pierre, sa contribution à la vie. La vie nous a donné à tous des talents, des cadeaux, et le meilleur moyen d'être heureux (et d'apporter du bonheur dans sa vie et dans celle des autres), j'en suis profondément convaincue, est de les partager avec la société. Quand on aide quelqu'un, quand on utilise ses talents pour réussir quelque chose dans notre travail ou dans notre vie privée, quand on rend la vie des autres meilleure, on perd toute raison de râler car on se sent utile.
Ce challenge invite ainsi ceux qui le veulent à faire le point et à se demander tous les jours : « *Comment puis-je aujourd'hui me mettre au service des autres et de moi-même ?* » ou : « *Qu'est-ce que je peux apporter aujourd'hui aux autres ou à moi-même ?* »
Il y a une multitude de qualités en nous que nous avons tendance à prendre pour acquises. Certains sont doués pour les relations humaines ou la vente, d'autres pour l'art ou pour la recherche, certains pour prendre soin des autres... cela nous semble tellement naturel et facile que nous ne nous rendons même pas compte que c'est un talent particulier que nous avons. S'épanouir consiste à se mettre dans des situations où nous pouvons puiser dans ces talents pour participer et contribuer à un projet qui nous tient à cœur dans la société.
Et nous avons tous en nous le profond désir de contribuer au bonheur de tous. Ce challenge nous invite à célébrer nos talents et à les mettre au service des autres, dans notre vie de tous les jours car quand on donne de soi, on ne râle pas. Nous sommes tous nés avec des qualités uniques, des domaines dans lesquels nous brillons, et ce que nous avons de mieux à faire, c'est de les partager...

Or, beaucoup d'entre nous n'ont même pas conscience de leurs talents, et donc ne les mettent pas à profit. Notre vie est une opportunité merveilleuse pour nous découvrir et partager un peu de nous-mêmes, pour reconnaître les talents et qualités qui nous ont été donnés et nous mettre dans des situations qui nous offrent de les exploiter au mieux.

Évidemment, partager demande souvent de sortir de sa zone de confort. Cette zone où l'on ne prend pas de risque, où l'on ne s'expose pas vraiment, où l'on ne cherche pas à se dépasser. Pour partager, contribuer, aider, on doit prendre les devants et sortir un peu de soi. On doit faire taire la petite voix en nous qui nous dit : « *Pour qui tu te prends, tu n'es pas mieux que les autres, ce que tu veux faire ne changera pas grand-chose, tu n'es pas capable d'apporter quelque chose de différent, de meilleur* ».

Et pourtant, quand on focalise son attention sur la contribution qu'on souhaite apporter à la vie, on perd toute raison de râler. Car, tout d'un coup, la vie devient un terrain de jeux dans lequel s'épanouir ; et chaque jour nous avons la liberté de choisir comment nous voulons partager de nous-mêmes avec les autres. Nous sommes ainsi au service de la vie et non plus victimes des vicissitudes de la vie.

Pour cela on doit aller au-delà de notre plus grande peur : la peur d'échouer (ou peut-être plutôt la peur de réussir…). En effet, parfois on se dit : « *Que vont penser les autres ?* » On peut penser que c'est inquiétant de s'« élever », car on a peur que les autres ne nous suivent pas et qu'ils nous jugent.

> *« Notre peur la plus profonde n'est pas que nous ne soyons pas à la hauteur.*
> *Notre peur la plus profonde est que nous sommes puissants au-delà de toute limite.*
> *C'est notre propre lumière – et non pas notre obscurité – qui nous effraie le plus.*

Nous nous posons la question : “Qui suis-je, moi, pour être brillant, radieux, talentueux et merveilleux ?”
En fait, qui êtes-vous pour ne pas l’être ? Vous êtes un enfant de Dieu !
Vous restreindre, vivre petit ne rend pas service au monde. L’illumination n’est pas de vous rétrécir pour éviter d’insécuriser les autres.
Nous sommes nés pour rendre manifeste la gloire de Dieu qui est en nous.
Elle ne se trouve pas seulement chez quelques élus ; elle est en chacun de nous et, au fur et à mesure que nous laissons briller notre propre lumière, nous donnons inconsciemment aux autres la permission de faire de même.
En nous libérant de notre propre peur, notre présence libère automatiquement les autres. »

Marianne Williamson, *Un retour à l’amour : manuel de psychothérapie spirituelle : lâcher prise, pardonner, aimer*, Amrita, 1994.

Ce texte de Marianne Williamson a changé ma vie. Il est peut-être trop spirituel pour certains, mais je crois profondément qu’elle a raison. Nous avons tous en nous et de manière égale tout ce qu’il faut pour être brillant, radieux, talentueux et merveilleux. Et la source de notre bonheur, et le meilleur moyen de ne plus râler, est de nous autoriser à l’être !
Il faut que nous arrêtions d’avoir peur d’aller de l’avant, peur d’être brillants et géniaux. Prenons conscience de notre génie et partageons-le. Donnons de nous-mêmes et donnons-nous l’autorisation de nous élever. Cessons de culpabiliser lorsque nous réussissons, sortons de cette croyance ancrée au plus profond de nous que « réussir, c’est prétentieux ». Donnons-nous la permission de puiser dans notre génie, c’est le meilleur moyen de redonner et de partager.

Dans mon activité professionnelle où je me donne à 200 %, où tous les jours je partage un peu plus de moi-même, de mes talents, et où je suis constamment en train de sortir de ma zone de confort, je suis parvenue à de belles réussites. Et tout au long de l'année je me pose cette question : « *Que puis-je faire pour emmener les autres avec moi dans mes réussites, pour partager encore plus, pour aider encore mieux ?* »
Ainsi, j'ai choisi voilà quelques mois de reverser 10 % de mes revenus aux personnes ou organisations qui m'ont inspirée. Il m'arrive de donner à une association qui a fait une action qui m'a plu, ou bien à une personne qui m'a dit quelque chose qui m'a profondément touchée. Je peux envoyer un chèque à l'auteur d'un livre qui m'a inspirée, je redonne aussi parfois de l'argent à mes clients qui m'apprennent tant chaque jour. Par exemple, le mois dernier, j'ai versé de l'argent pour la « Make a Wish Foundation » car une petite fille de l'école de mes enfants – malade, courageuse et d'une volonté extraordinaire – a vu son vœu réalisé par cette association. Elle nous a envoyé un message pour l'aider à lever des fonds pour cette association à but non lucratif et cela m'a touchée. Distribuer une partie de mes revenus est un moyen pour moi de célébrer ceux qui m'inspirent, de les mettre en avant dans ma vie et de nourrir mes sources d'inspiration avec mon précieux argent !
Eh oui, arrêter de râler passe aussi par donner, se donner, donner aux autres, redistribuer ce qu'on a reçu et en partageant nos talents et nos ressources.

RAPPEL

- Acceptons d'être imparfait et cherchons surtout à faire de notre mieux.
- Accordons une place au plaisir dans notre quotidien. Ne nous laissons pas envahir par de longues listes de choses à faire. Chaque jour doit être vécu pleinement.
- Donnez de vous-même, n'ayez pas peur de mettre franchement vos talents à contribution. Ne vous retenez pas de partager largement ce que vous savez bien faire, vos compétences, vos passions, votre expertise. Ainsi vous perdrez toute raison de râler !
- Essayez, vous aussi, de redistribuer une partie de vos rentrées d'argent ; vous verrez, c'est magique comme cela rend la vie belle.

21 JOURS POUR PASSER DE RÂLER À CÉLÉBRER

PARTIE 3

#06 LE CHALLENGE, COMMENT ÇA MARCHE ?

Alors que je réfléchissais à l'impact des râleries sur ma vie, j'ai réalisé qu'en vérité râler ne fait pas avancer les choses. Quand je râle, je ne fais qu'empirer ma situation et celle de mon entourage et, soyons honnêtes, je ne fais rien de constructif pour améliorer les choses, je me contente de bougonner, de crier, de ruminer...

En plus, quand je râle je projette mon attention sur tout ce qui cloche dans ma vie, ce qui m'empêche d'apprécier pleinement ce qui marche bien. Quel gâchis !

- Peut-être que râler me soulage ? Quoique finalement je ne suis pas certaine que cela me soulage efficacement.
- Peut-être que râler me permet d'obtenir ce que je veux à court terme ? Mais, dans le fond, cela ne contribue pas à mon bonheur en général et, bien souvent, cela me pollue.

J'ai donc fait le choix d'employer les grands moyens pour me débarrasser de cette habitude qui me collait à la peau et infectait mon quotidien. D'où l'idée de me lancer le challenge d'arrêter de râler pendant 21 jours consécutifs. Je me suis demandé dans quelle mesure cela changerait ma vie et ce qui allait m'arriver si je parvenais à éradiquer mes râleries de mon quotidien avec mes trois enfants, mon travail, mes clients, mon couple, les tâches ménagères, les courses, les plannings... ma vie.

Finalement, ce challenge a commencé comme un jeu, ou plutôt une expérience. J'ai voulu le faire pour moi car je suis de nature curieuse, et je me suis demandé ce qui pourrait arriver si pendant 21 jours je pouvais m'engager pleinement et consciemment à changer mon habitude de râler. L'idée est de faire un grand « nettoyage de printemps », comme j'aime à le dire, et supprimer intégralement toute forme de râlerie pendant 21 jours consécutifs.

C'est un challenge difficile que je me suis lancé, c'est vrai (et beaucoup de visiteurs venaient voir mon blog au début, persuadés que je n'y arriverais jamais), mais une chose est certaine, c'est que pour moi tenter ce challenge c'était le meilleur moyen d'arrêter de résister à vivre ma vie et de commencer à vraiment l'apprécier dans sa simplicité, avec ses frustrations et ses contraintes et surtout profiter pleinement de chaque jour.

J'ai eu envie de faire le challenge et j'ai utilisé mon blog (http://jarretederaler.com), et maintenant ce livre, pour documenter mon expérience.

LE PRINCIPE

Le principe est simple. J'ai commencé par mettre à mon poignet un bracelet pour me rappeler que je suis engagée dans ce challenge.

J'ai ensuite vécu ma première journée normalement, et tous les jours suivants, mais à chaque fois que je me surprenais à râler je changeais mon bracelet de poignet et remettais les compteurs à zéro (eh oui !). Je tiens à vous rassurer : les premiers jours mon bracelet a dansé la valse entre mes deux poignets. Quel choc de constater à quel point je râlais. J'ai cependant choisi de ne pas me juger, mais tout simplement de changer mon bracelet de côté, mécaniquement.

POURQUOI 21 JOURS POUR ME SEVRER D'UNE HABITUDE ?

Soyons clair, râler est une habitude. J'ai pu observer qu'on râle tous sans même nous en rendre compte, et pourtant, comme on l'a vu, cela n'est pas sans conséquence pour notre vie, et c'est là que réside le problème. Les habitudes sont très ancrées en nous, au point de devenir inconscientes. Le réflexe d'allumer une cigarette dès que vous montez dans votre voiture en sortant du bureau, ou le réflexe d'allumer votre téléphone portable dès que vous arrivez dans l'ascenseur sont des gestes qui font partie de votre quotidien et vous les faites sans y prêter attention.

Il y a plus de dix ans, j'ai pris la grande décision d'arrêter de fumer. J'ai pris conscience que fumer touchait ma santé et je ne voulais pas vivre avec cette dépendance stérile. Un jour, je me suis lancée et j'ai jeté mon paquet de cigarettes. J'ai été alors très surprise de découvrir que c'est le réflexe d'allumer et de fumer une cigarette qui a été le plus dur à combattre, bien plus dur que le manque de nicotine. Le geste me manquait. Le fait d'avoir une cigarette entre les doigts, d'être occupée par l'acte de fumer. Je me sentais les mains vides au bureau ou en soirées. J'ai d'ailleurs pendant des années fait le même cauchemar presque toutes les nuits : j'allumais une cigarette par réflexe (et non par manque de nicotine) car j'avais oublié que j'avais arrêté de fumer.

Cette histoire montre bien à quel point nos habitudes sont profondément ancrées dans notre inconscient et que s'en débarrasser demande un effort dans la durée. Il en est de même avec le réflexe de râler. Et changer une habitude et en créer une nouvelle n'est pas si simple. Au début, on a l'impression de devoir faire des efforts titanesques.

L'habitude

L'habitude est une étrangère
Qui supplante en nous la raison :
C'est une ancienne ménagère
Qui s'installe dans la maison.
[...]
Mais imprudent qui s'abandonne
À son joug une fois porté !
Cette vieille au pas monotone
Endort la jeune liberté [...]

René-François Sully Prudhomme,
Stances et poèmes, 1865.

Il faudrait entre 21 et 28 jours pour se débarrasser d'une habitude et la remplacer par une autre. Entre 21 et 28 jours pour former une nouvelle habitude, un nouveau comportement qui devient un automatisme. 21 jours, 28 jours... ce n'est pas très important. Ce qui est important c'est de s'inscrire dans la durée pour engendrer un vrai changement. Tenir assez longtemps (au moins trois semaines consécutives) pour passer de « se forcer à ne pas râler » à « créer une seconde nature », c'est aller vers un changement qui dure.

En effet, arrêter de râler pour une journée, c'est bien, cela vous fera une pause, mais vous verrez que très vite vous allez retomber, sans même vous en rendre compte, dans vos habitudes, vos réflexes. Et au bout du compte vous en serez au même point qu'au départ. D'ailleurs, beaucoup des personnes qui ont tenté le challenge se sont senties coincées et parfois découragées par cette habitude qui prenait constamment le dessus. Au début, atteindre 21 jours consécutifs semble vraiment impossible.

Vingt et un jours, c'est long, et c'est pourquoi j'ai rechuté à plusieurs reprises. Il m'a fallu finalement plus de deux mois pour réussir le challenge. Si vous aussi vous voulez vous lancer, ne vous jugez pas et soyez patient. Tenir le coup sur la durée est

la garantie que vous ne faites pas cet effort pour rien. C'est la garantie que votre vie va être profondément transformée.
Que ce soit bien clair entre nous, ce livre n'est pas un livre qui vous dit de voir la vie en rose du jour au lendemain. Ce serait irréaliste de croire que c'est possible. De la même manière, vous ne pouvez pas du jour au lendemain courir un marathon ou perdre 10 kilos. Et pourtant ce n'est pas parce que vous ne pouvez pas le faire du jour au lendemain que vous allez baisser les bras, n'est-ce pas ? Quel que soit le challenge, vous devez poser les actes nécessaires pour réussir, comme aller courir tous les matins ou arrêter de manger de la pâte à tartiner au chocolat au petit-déjeuner.
En faisant le challenge de ne pas râler pendant 21 jours consécutifs, vous allez créer de nouvelles habitudes, de nouveaux réflexes et, selon les scientifiques, vous allez même créer de nouvelles connexions dans votre cerveau. En effet, nos habitudes ont créé des connexions neurologiques. Quand nous pensons ou agissons d'une certaine manière à longueur de journées, la connexion neurologique qui lui est attachée devient plus forte et plus marquée. Pour faire vite, les gros râleurs ont donc des connexions de pensées négatives plus fortes que les petits râleurs. C'est pour cela qu'il est impossible d'arrêter complètement de râler du jour au lendemain. Souvenez-vous bien de cela quand vous êtes face à la déception de devoir recommencer à zéro. Il faut petit à petit modifier les connexions de votre cerveau. Le seul moyen d'y parvenir est d'agir dans la durée, dans la répétition. Quand vous pensez, ressentez et agissez différemment, pas à pas votre cerveau se « reprogramme ». C'est la preuve que vous n'êtes pas condamné à râler toute votre vie !

OUTIL

Quand vous vous surprenez à râler, pensez à la connexion concernée dans votre cerveau, et faites le choix de ne pas l'activer.

APPRENDRE À VIVRE SANS RÂLER

Le Dr Richard Davidson, de l'université du Wisconsin, dit : « *En se basant sur ce que nous savons de la plasticité du cerveau, nous pouvons affirmer que des choses comme le bonheur ou la compassion sont des compétences qui ne sont pas plus difficiles à apprendre qu'un instrument de musique ou à jouer au tennis...* » Il est donc possible de former notre cerveau à ne plus râler, à célébrer et à remercier ce qui fonctionne dans notre vie et à être plus heureux. Pour cela, il faut petit à petit changer nos habitudes.
Pour parvenir à atteindre mon objectif, il m'a ainsi fallu un peu plus de deux mois. Et pendant ces deux mois j'ai dû prendre soin de moi (et ce n'était pas désagréable du tout, ma foi), déceler ce qui me faisait râler et trouver un moyen d'apporter du changement réel dans ma vie.
Encore une fois, ce challenge n'a rien à voir avec juste se forcer à voir la vie en rose pour quelques heures et exploser par la suite, parce que nous avons nié des choses importantes pour notre équilibre et notre bonheur.

Témoignage

« J'ai tenu 4 jours consécutifs sans râler, puis je me suis éloignée du sujet car j'ai cru que je n'avais pas besoin de m'imposer 21 jours consécutifs, qu'il suffisait simplement d'être tous les jours attentive. Eh bien je me suis royalement plantée ! J'ai pris conscience que je râlais bien plus que je ne le pensais. Effectivement, je me sens "polluée" par ma propre négativité, et maintenant je dis stop à mon côté pessimiste, je me lance de nouveau dans l'aventure avec cette fois la réelle volonté de réussir. D'ailleurs je me suis acheté un nouveau bracelet car l'autre que j'avais est cassé (l'élastique s'est rompu). »
Émilie

POURQUOI PORTER UN BRACELET ?

Si vous souhaitez vous aussi tenter le challenge, je voudrais insister sur l'importance de porter un bracelet (élastique, c'est plus pratique !). Le fait de changer le bracelet de côté à chaque fois que vous râlez va profondément aider à la création de nouvelles connexions dans votre cerveau. Cela va ancrer la création d'une nouvelle habitude. Le bracelet est un excellent outil pour nous rappeler le challenge et nous rendre plus conscients de notre avancée sur le chemin d'une vie plus sereine, sans râler.

Témoignage

« J'ai connu votre blog *via Psychologie magazine*, je me suis dis : "Tiens, pourquoi pas, si cette dame mère de trois enfants et qui travaille essaye de ne plus râler c'est que cela doit être possible." J'ai mis les mains dans le cambouis il y a une dizaine de jours, j'ai commencé sans bracelet, mais c'est vrai que c'est bien moins efficace car bizarrement on a tendance à oublier nos "bonnes résolutions" prises dans le feu de la journée. »
Christine, de Lille

Voici les règles que j'ai suivies :

- J'ai attrapé un bracelet élastique qui traînait chez moi (vous pouvez aussi utiliser un élastique à cheveux tout simplement) et je l'ai mis à mon poignet.
- À chaque fois que je me suis surprise à râler, j'ai commencé à changer le bracelet de poignet (gauche, droite, gauche, droite...) et à chaque fois j'ai aussi remis les compteurs à zéro.

Il vous faudra peut-être plusieurs mois pour atteindre votre but, mais vous découvrirez que votre vie sera pleine de joies et d'amour. Vous allez commencer à apprécier chaque instant de

votre vie. Votre quotidien va avoir plus de saveur. Ce challenge vraiment pas compliqué peut avoir beaucoup d'impact sur votre vie. C'est incroyable comme le simple fait de se refuser de râler peut transformer notre quotidien et celui de notre entourage.
Il est très important de faire passer votre bracelet d'un côté à l'autre. Cela va vous aider à prendre conscience de votre démarche (car vous verrez que vous aurez tendance à oublier vos belles intentions) et le mouvement de gauche à droite va ancrer cet apprentissage dans votre cerveau (voir les recherches en neurosciences sur l'impact de ce mouvement croisé pour connecter les deux parties du cerveau).

OUTIL

Quand vous vous surprenez à râler, changez le bracelet de côté, prenez une grande inspiration et dites-vous : *« Chaque minute, chaque heure sans râler, est un cadeau que je me fais. Je veux vivre ma vie pleinement. »*

COMMENT RECONNAÎTRE QUE JE SUIS EN TRAIN DE RÂLER ?

C'est la grande question que les lecteurs de mon blog sont venus me poser dès le début de mon challenge. Si nous regardons dans le dictionnaire, la définition de râler est : « Produire des râles d'agonie, grogner, produire un bruit de respiration rauque. Protester de façon hargneuse. »
Et les synonymes de râler sont : « agoniser, bisquer, bouder, bougonner, chialer, chiner, enrager, être en colère, fumer, grogner, gronder, maronner, maugréer, murmurer, pester, protester,

rager, réclamer, renauder, rogner, rognonner, ronchonner, rouscailler, rouspéter, se fâcher, se plaindre, se récrier. »
Pour ce challenge, il faut considérer que râler passe par l'expression de votre frustration. En effet, vous ne pouvez pas toujours empêcher la frustration de venir à vous. C'est pourquoi, dans ce challenge, vous êtes invité à ne pas « formuler » votre agacement. Donc, si vous ruminez en silence, cela ne compte pas comme une râlerie, vous n'êtes pas obligé de changer le bracelet de poignet.
Au début de mon challenge, j'ai essayé de changer le bracelet de côté à chaque fois que je râlais à l'intérieur (boule au ventre, ruminations...) mais je me suis vite rendu compte qu'à ce rythme je n'y arriverais jamais. Finalement, j'ai pris conscience que c'était irréaliste de penser que je puisse éviter que les frustrations viennent à moi, à moins d'être sans enfant, sans obligations et en train de siroter un cocktail au bord d'une piscine au soleil (et encore !).
Des raisons de râler, vous en rencontrez plein tout au long de votre journée, et même si avec ce challenge vous allez faire du tri dans votre vie, il serait impossible de prétendre que vous puissiez supprimer toute source de frustration ou toute pensée négative. Alors, je vous invite à commencer par ne pas exprimer vos frustrations en râlant. Quand vous vous exprimez en râlant, cela a un impact sur votre vie. Ce sont ces mots que vous employez dont vous vous souvenez quand vous vous couchez le soir. Ce sont ces mots qui marquent votre entourage. Ce sont ces mots négatifs qui ont pollué votre journée et teinté vos (ré)actions. Alors pour ce challenge la règle est :

- on ne râle pas à voix haute ;
- on trouve d'autres moyens de gérer nos frustrations ;
- si on a besoin de communiquer sur un problème, on le fait sans râler avec la personne concernée (ce point est très important).

Bien évidemment, parfois on a besoin d'exprimer son mécontentement et sa douleur avec un cri, un râle, une grosse colère. Mais soyons honnêtes, franchement ! La grande majorité du temps, on se plaint à longueur de journées sans même s'en rendre compte. On se plaint auprès de nos amis, de notre conjoint, de notre voisine (et bien souvent ils n'ont rien à voir avec ce qui nous fait râler), et cela ne fait pas avancer le problème. En le faisant, on passe nos journées à subir ce qu'on ne veut pas et cette souffrance nous pollue. Quand nous parvenons à supprimer ces râleries, nous libérons un grand espace pour penser à ce que l'on veut, prendre sa vie en main, célébrer ce qu'on a déjà et ce pour quoi nous sommes reconnaissants.

LES PREMIERS JOURS DE MON CHALLENGE

Ce challenge a vraiment été dès le premier jour un chemin pavé de découvertes et de prises de conscience. Les premiers jours, j'ai vécu ce que j'appelle « la danse du bracelet ». Du poignet gauche au poignet droit, au poignet gauche, au poignet droit... À longueur de journées. J'étais bien contente que mon bracelet soit élastique (une condition indispensable pour faire l'exercice correctement) !
Ensuite, j'ai réalisé que si je voulais arrêter de remettre tous les jours les compteurs à zéro, il était important que je fasse du repérage pour identifier les situations qui me faisaient râler à tous les coups, et voir si je pouvais les éviter ou les changer. J'ai ainsi clairement identifié que le matin était ma plus grosse zone de danger (suivi de près par le coucher du soir !) avec trois filles, le petit-déjeuner, les paniers-repas, trois écoles différentes et l'heure qui tourne... Attention danger !
Tous les matins je me retrouvais à râler, ruminer, me sentir pressée, oppressée, à faire la police avec mes enfants : « *Habille-*

toi, mange ton petit-déjeuner, quoi tu ne sais pas où sont tes chaussures ? Vite, vite, vite ! »
Ce n'était vraiment pas une bonne façon de commencer ma journée. Dans une vie idéale je voudrais que le matin soit paisible, devienne un bon moment en famille où je peux être sereine avec mes filles avant que nos chemins se séparent entre l'école et mon travail.
Je me suis donc demandé ce que je pouvais faire pour éviter de me mettre dans ces situations. Car cela me semble la stratégie la plus efficace pour ne plus râler. Si je supprime la raison de râler, alors le challenge sera plus facile ! Plus besoin de me retenir ! Ainsi, en douceur j'ai mis en place des changements :

j'ai demandé à mes filles de préparer elles-mêmes la veille leur déjeuner pour l'école (aux États-Unis où je vis, toutes les écoles n'ont pas de cantine) ;
j'ai créé une routine avec elles : elles choisissent leurs habits la veille (pour les chaussures, on y travaille encore !) ;
j'ai commencé à préparer ma cafetière la veille au soir... ;
j'ai finalement réussi à me lever plus tôt (ce qui me semblait auparavant impossible).

Ce challenge m'a permis de très vite réaliser combien il est important que je sois très claire sur ce qui me convient et ce qui ne me convient pas. Ainsi je me suis donné pour mission d'éviter de me mettre moi-même dans une situation qui, je le sais, va me faire râler.

Si je suis encore assise à mon bureau à 18 heures alors que c'est à moi de faire le dîner, je sais que bientôt mes enfants vont venir réclamer de passer à table et que cela va me stresser, je peux donc soit arrêter de travailler et préparer le dîner, soit assumer mon choix de rester à mon bureau, mais sans râler.
Si j'ai un rendez-vous important, je choisis de partir avec 10 minutes d'avance plutôt que de chercher à faire « encore un dernier truc qui va me mettre en retard ».

Encore aujourd'hui cette attention à ne pas me mettre moi-même dans des situations qui génèrent de la frustration ou du stress est devenue ma priorité, et chaque fois que je sens que je risque de

dériver je redresse la barre le plus tôt possible. Je n'attends pas le point de non-retour.
En effet, ce challenge m'a vite révélé que l'idée n'est pas de tout encaisser avec le sourire, ni de se forcer à voir la vie en rose ou prétendre vivre « au pays des Bisounours ». Bien au contraire, c'est plutôt un projet pour développer une nouvelle hygiène de vie. Vivre les moments avec plus de plaisir, et quand vraiment ça coince, assumer sa part de responsabilité et voir ce qu'on peut faire pour réorganiser les choses ou les faire différemment.
Ceux qui tentent le challenge en adoptant la stratégie d'encaisser toute la journée ne peuvent pas tenir plus de quelques heures ou quelques jours. Et surtout, au final, ils n'ont pas obtenu le résultat escompté qui est une vie plus heureuse, plus sereine, plus riche.

LES QUATRE PHASES DU CHALLENGE

Si, en lisant ces lignes, vous avez vous aussi envie de vous lancer dans ce challenge, je tiens vraiment à vous dire bravo ! Vous allez commencer un chemin de découvertes personnelles passionnantes, et réaliser que le bonheur est à portée de main.
À la suite de mon challenge et de mes lectures sur la « conduite de changement[8] », je me suis souvenue d'une recherche que j'avais lue quelques années plus tôt et qui parlait des 4 grandes phases propres à la conduite de changement[9]. Je voudrais prendre le temps de vous les présenter pour que vous sachiez à quoi vous

8 Accompagnement d'une personne ou d'une organisation face à l'instabilité et au développement de son environnement.

9 *Four stages for learning any new skill*, théorie développée par Gordon Training International.

attendre. J'aurais moi-même beaucoup aimé avoir cette visibilité quand j'ai commencé.

PREMIÈRE PHASE : L'EUPHORIE ET L'ESPOIR

Celle où l'on découvre le challenge et l'on se dit : « *Et si j'arrêtais de râler ?* », « *pourquoi pas moi* ». Durant cette phase, on n'a pas encore conscience d'à quel point on râle et que c'est un automatisme. On ne sait pas faire autrement. J'ai aussi rencontré certaines personnes qui, dans cette phase, ont conscience qu'elles râlent énormément, mais n'ont pas conscience que c'est ancré dans leur habitudes et dans leurs cellules. Pour tout le monde, c'est la phase où « **on ne sait pas que l'on ne sait pas** ».

DEUXIÈME PHASE : LA PRISE DE CONSCIENCE DU CHALLENGE

C'est aussi la phase de la « danse du bracelet ». On râle, on râle, on râle, et à chaque fois on change le bracelet de poignet. Désormais on a conscience d'à quel point on râle et on ne sait pas comment faire autrement. « **On sait que l'on ne sait pas** ». C'est la phase où l'on doit accepter d'être un élève et de réapprendre comment on fonctionne. C'est une phase difficile, où l'on a des résistances, et où l'on a envie de baisser les bras. Au début, c'est amusant pendant deux ou trois jours, mais ensuite on se dit : « *C'est impossible, c'est trop dur, je ne vois pas pourquoi je m'embête avec ce challenge, j'ai déjà tellement de soucis dans ma vie...* » C'est là que le plus de gens abandonnent. Pour vous aider à tenir le coup dans cette phase, je vous rappelle que même si au bout de trois ou cinq mois vous pensez en être toujours au même point que le premier jour, sachez que ce n'est pas vrai. Vous n'en êtes pas au même point, vous avez avancé. Vous êtes en train de faire des bonds en avant, même si vous avez l'impression de faire du surplace. Chaque changement de côté de votre bracelet est le signe d'un ancrage plus profond dans votre cerveau, il y a quelque chose de précieux à apprendre de chaque échec.

TROISIÈME PHASE : PASSER QUELQUES HEURES, QUELQUES JOURS SANS RÂLER

Enfin nous vivons des réussites (tout n'est pas perdu !). Bien souvent on arrive à se contrôler, à tourner sept fois sa langue dans sa bouche avant de parler, à gérer ses besoins sans râler, à communiquer autrement ses frustrations... On est « en conscience », très concentré, dans le contrôle. Dans cette phase, le décompte a commencé. On en est généralement à trois jours, dix jours consécutifs sans râler et l'on fait tout ce qu'on peut pour ne pas avoir à tout recommencer à zéro. Si un jour toutefois on râle, on recommence, mais on sait qu'on peut y arriver. C'est la phase où « **On sait que l'on sait comment arrêter de râler** ». À partir de maintenant, la clé est de persister pour éliminer cette mauvaise habitude et créer un changement en profondeur.

QUATRIÈME (ET DERNIÈRE PHASE !) : LA PHASE DU MAÎTRE

Celle où « **On ne sait pas que l'on sait** ». On a oublié la technique et l'on est dans le naturel. On a transformé notre habitude, et ne pas râler devient une seconde nature. Cette phase est atteinte lorsqu'on arrive à passer 21 jours **consécutifs** sans râler. On a grandi en sagesse, on a profondément changé et notre vie ne sera plus jamais la même.

RAPPEL

Les quatre phases du challenge :

- **phase d'euphorie** : « On ne sait pas que l'on ne sait pas arrêter de râler » ;
- **phase de prise de conscience et de la danse du bracelet** : « On sait qu'on ne sait pas arrêter de râler » ;
- **phase de progrès : on arrive à passer quelques jours sans râler** : « On sait que l'on sait arrêter de râler » ;
- **phase du maître, atteignable par ceux qui persévèrent et passent 21 jours consécutifs sans râler** : « On ne sait pas que l'on sait. » Ne plus râler fait partie de notre nature profonde.

UN CHALLENGE POUR PASSER DE RÂLER À CÉLÉBRER

Je crois que bien souvent nous sommes tellement frustrés de ne pas pouvoir contrôler tout ce qu'il nous arrive que nous choisissons de mettre notre attention sur tous les problèmes de notre vie. Comme nous ne contrôlons pas, nous subissons, nous râlons, et cela gaspille toute notre énergie.

Nous ne pouvons pas contrôler si le métro va être bloqué, alors nous râlons ;
nous ne pouvons pas contrôler la réaction de notre patron, alors nous râlons ;
nous ne pouvons pas contrôler les choix de notre conjoint, alors nous râlons ;
nous ne pouvons pas contrôler la pluie, la neige ou le froid, alors nous râlons ;

nous ne pouvons pas contrôler l'attitude de nos enfants, alors nous râlons ;
nous ne pouvons pas contrôler les bouchons sur la route, alors nous râlons ;
nous ne pouvons pas contrôler nos maux de tête ou notre mal de dos, alors nous râlons.

Les exemples sont infinis, et pourtant, au bout du compte, nous passons à côté de bien belles choses.

Personnellement, alors que je commençais le challenge, je faisais un bilan de mes journées et je prenais conscience que mes râleries me polluaient la vie :

je râlais sur le bazar de ma maison ;
je râlais sur mes enfants que je ne pouvais pas contrôler ;
je râlais sur tout ce qui me ralentissait ;
je râlais sur la trop longue liste de choses que j'avais à faire, et sur toutes celles que j'oubliais.

Je râlais trop, au point que les journées passaient et je me disais : « *Zut, un jour de passé et je n'en ai pas profité à fond !* » J'avais le sentiment d'un gros gâchis. Ma vie était pleine de frustrations, de déceptions, de regrets...

Quand on râle, on parle de ce qui ne va pas, et finalement, petit à petit, on ne voit plus que ça. On se fait une montagne d'un petit incident. On s'attache à nos malheurs et l'on a ensuite encore plus de raisons de râler dans notre vie.

> *« Votre qualité de vie n'est pas tant déterminée par ce que la vie vous apporte que par l'attitude que vous adoptez dans votre vie ; pas tant par ce qu'il vous arrive que par ce que votre esprit perçoit de ce qu'il s'est passé. »*
>
> Khalil Gibran

Plutôt que de ruminer…

Commencez votre journée du bon pied en célébrant ce que la vie vous donne.

Arrêter de râler nous permet de mettre notre attention sur ce qu'on a déjà, et sur ce qu'on veut dans notre vie plutôt que sur ce qu'on ne veut pas. Cela nous permet de voir ce qui peut nous rendre heureux dans notre journée et de célébrer ce que nous apprécions.
Je crois profondément que ce sur quoi on met notre attention prend plus de place dans notre vie et devient notre réalité, notre quotidien, notre vie.
Si vous voulez être profondément heureux, vous devez apporter du bonheur à vos expériences de vie plutôt que d'essayer d'extraire du bonheur de ces mêmes expériences[10]. Voilà un changement de point de vue fascinant, non ?
Prenez le temps de relire cette phrase qui peut changer votre vie.
Quand nous râlons, c'est souvent parce que nous sommes déçus que notre expérience ne nous ait pas apporté assez de bonheur. Mais en fait, c'est à nous d'apporter du bonheur à l'expérience, et non le contraire.
C'est à nous de cultiver notre bonheur au présent, car notre bonheur est en nous, il n'est pas dans notre futur ou dans les aléas de la vie.

> *« C'est en vain qu'on cherche au loin son bonheur quand on oublie de le cultiver soi-même. »*
>
> Jean-Jacques Rousseau,
> « Lettres sur la vertu et le bonheur »,
> *Œuvre et correspondance inédite*

Quand on arrête de râler, on laisse de la place à ce bonheur. En supprimant les râleries de nos conversations, on libère de l'énergie, on génère du vide, des blancs (parfois inconfortables au début) et à partir de là on peut commencer à remarquer toutes ces petites choses qui auparavant pouvaient passer inaperçues. On peut petit à petit planter les graines de notre bonheur.

10 Marci Shimoff, *Heureux sans raison – la quête d'un bonheur pur et véridique.*

Toutes ces petites choses agréables de notre quotidien que l'on considérait comme acquises auparavant prennent désormais une plus grande place dans notre vie. On peut s'en imprégner et les vivre pleinement. On commence alors à célébrer le goût de notre thé, l'arbre qui fleurit devant la fenêtre, l'air frais qui est si bon à respirer, notre enfant qui nous fait un câlin, notre conjoint qui est rentré un peu plus tôt pour le dîner, une amie qui nous passe un coup de fil pour prendre des nouvelles, les artistes qui nous font danser avec leur musique, les auteurs qui nous inspirent avec leurs livres, les éclats de rire autour du dîner que nous sommes en train de partager, notre travail qui nous permet de nous réaliser... Avec ce challenge, j'ai eu envie de créer plus de place dans ma vie pour la célébration. J'ai voulu passer de râler à remercier. J'ai voulu savourer ma vie pleinement et arrêter de concentrer toute mon attention sur ce qui va de travers. J'ai voulu développer ma gratitude pour la vie qu'il m'a été donné de vivre.

RAPPEL

« Soyez le changement que vous voulez voir dans ce monde. » Ghandi

- Commencez par mettre à votre poignet un bracelet pour vous rappeler que vous vous engagez dans ce challenge.
- Chaque fois que vous vous surprenez à râler à voix haute, mettez le bracelet de l'autre côté (ne vous inquiétez pas si les premiers jours vous changez le bracelet plusieurs fois de poignet). Lorsque vous changez le bracelet de côté, le compte-à-rebours des 21 jours repart à zéro (eh oui !).
- Communiquez vos frustrations ou vos besoins, sans jugements et sans râler (voir p. 74).
- Prenez le temps d'identifier dans laquelle des quatre phases du challenge vous pensez être.
- N'oubliez pas de remplacer vos râleries par des célébrations et d'échanger avec les autres sur votre gratitude envers la vie.

#07 QUESTIONS/ RÉPONSES

COMBIEN DE TEMPS VA-T-IL ME FALLOIR POUR RÉUSSIR CE CHALLENGE ?

En moyenne, il semblerait que les gens râlent de 20 à 70 fois par jour. En général, les personnes qui essaient vraiment de faire le challenge ont besoin de 2 à 10 mois pour parvenir à passer 21 jours consécutifs sans râler. Ce n'est pas facile, mais cela vaut le coup.

Souvenez-vous que vous devez changer votre bracelet de côté uniquement si vous exprimez votre complainte. Si vous râlez dans votre tête, cela ne compte pas (soulagé ?).

Vous verrez que plus vous vous retenez de vous plaindre, plus vous évitez de vous mettre dans des situations génératrices de frustration, et moins vous aurez de motifs de plainte. Avec ce processus, vous allez reformater votre disque dur mental, prendre en main votre vie et devenir une personne plus heureuse.

N'oubliez pas de prendre chaque jour comme il vient et de ne pas vivre dans l'obsession de votre objectif de 21 jours. Pour réussir, il suffit finalement de renouveler tous les matins votre engagement de ne pas râler durant une journée ou, pour commencer, durant la prochaine heure. Et, petit à petit, pas à pas, heure par heure, vous ferez des progrès et ce challenge deviendra de plus en plus simple et facile, au point de parvenir un jour à célébrer votre vingt et unième jour.

Vingt et un jours n'est donc pas un but en soi. C'est un repère pour créer du changement dans votre vie. Je vous souhaite d'ailleurs de passer 4000 jours sans râler ! Souvenez-vous que chaque heure, chaque jour sans râler est un cadeau pour votre vie personnelle. Quoi qu'il arrive, même s'il vous faut deux ans pour atteindre 21 jours, vous verrez que, dès le premier jour, vous récolterez les bienfaits de ce challenge.

Mark Twain a dit : « *On ne se débarrasse pas d'une habitude en la flanquant par la fenêtre, il faut lui faire descendre l'escalier marche par marche*[11] », et comme une lectrice du blog a pu l'écrire… « *certains escaliers sont plus longs que d'autres !* »

Eh oui, parfois changer est un long chemin plein d'essais et d'échecs et la réussite sera au bout du chemin pour ceux qui auront su persister parce qu'ils savaient que c'était important de continuer. Pour illustrer ce point, j'aime bien dire que Thomas Edison n'aurait jamais inventé l'électricité s'il avait baissé les bras à cause de ses échecs. Chaque échec était la preuve qu'il avait essayé quelque chose, chaque échec générait un résultat, un peu plus de connaissance qui le rapprochait du but.

Alors, vous aussi chaque soir, posez-vous la question de ce que vous avez appris dans la journée. Si vous avez râlé, est-ce que cela vous a permis d'apprendre quelque chose sur vous-même et sur ce qui vous fait partir « au quart de tour » ? (maintenant que vous en êtes conscient, que pouvez-vous mettre en œuvre pour ne pas vous retrouver à nouveau dans ce genre de situation ?). Si vous n'avez pas râlé, vous avez alors appris comment gérer une situation autrement. (Qu'avez-vous appris ?)

11 Mark Twain, *Le Roman de Jeanne d'Arc*.

Témoignage

« Chaque lundi, ma prof de yoga nous demande, “comment vous sentez-vous ici et maintenant” ? Et là j’ai dit : “positive” et je crois vraiment que c’est grâce à ma semaine, grâce à mon challenge. Au plus profond de moi, je sentais un changement dans ma manière de me positionner face au monde. J’ai fait danser mon bracelet tout le week-end d’un poignet à l’autre, mais ai-je échoué pour autant, je ne le pense pas. J’ai gagné en qualité de présence, pour mon entourage, pour moi-même. Force est de constater que ce lundi était très différent des autres, et cela sans que je sache vraiment pourquoi. Mais mon joli bracelet me rappelle dans quelle belle aventure je me suis lancée et je me dis que je suis fière de moi. Vingt et un jours, ce sera peut-être difficile à tenir, mais en attendant, que de chemin parcouru… N’est-ce pas cela qui compte ? »
Annabel

Et si vous adoptiez la même mentalité pour votre propre challenge ? Apprenez de chaque échec, restez engagé, ayez confiance en votre capacité à y arriver. Si vous ratez, recommencez !

EST-CE QUE NOUS RÂLONS QUAND NOUS ÉDUQUONS NOS ENFANTS ?

C’est une des questions les plus fréquentes que je reçois des personnes qui tentent le challenge. En effet, les enfants ont le don de vouloir dépasser les limites, ignorer nos demandes, prendre des risques, mettre leurs envies au-delà de la raison. Et forcément, cela peut nous donner envie de les remettre dans le droit chemin en les disciplinant. La discipline, donner un cadre à nos enfants, est une mission très importante dans notre rôle de parent et en aucun cas je ne souhaite que ce challenge vous incite à baisser la garde dans ce domaine sous prétexte que râler n'est pas permis !

Toutefois, je vois que beaucoup d'entre nous ont tendance à confondre discipliner avec râler. Je crois profondément qu'il y a moyen d'élever nos enfants sans râler. Il y a moyen de leur dire *« non »*, *« attention »*, *« ce n'est pas possible »*, *« je ne suis pas d'accord »*, *« ce comportement n'est pas acceptable »*, sans râler.

Je remarque que bien souvent nous râlons bien trop vite sur nos enfants. Ils sont d'ailleurs malheureusement les premières victimes de nos râleries. Sous prétexte de les éduquer, nous les accusons de tous les maux : ne jamais nous écouter, laisser leur bazar partout, ne penser qu'à eux, ne jamais nous aider, être mal élevés, méchants, égoïstes, pas sages, étourdis, fatigants...

Je suis allée chercher la définition de « discipliner » dans le dictionnaire et je dois dire que j'ai été assez choquée par ce que j'ai lu : « Discipliner : soumettre quelqu'un, un groupe à l'obéissance, à un ensemble de règles qui garantissent l'ordre dans la collectivité où il se trouve. »

Synonymes : « assujettir, dominer, dompter, éduquer, élever, former, maîtriser, ordonner, plier, soumettre ».

La discipline est vraiment trop souvent teintée de la notion de domination et de soumission, et je trouve cela dommage. Je ne suis pas contre le fait de cadrer nos enfants, de les guider, de leur poser des limites fermes, mais je trouve que sous prétexte qu'ils sont plus jeunes et que nous sommes leurs parents nous nous permettons de leur dire des mots très durs. Nous râlons sur eux et les jugeons. Nous râlons, et pourtant nous les aimons beaucoup et ne voulons que leur bien.

Finalement, en râlant nous coupons la communication. Nous les faisons fuir car personne n'a envie de se faire râler dessus. En râlant, nous cherchons à forcer le changement en pointant du

doigt leurs faiblesses. Et malheureusement, en faisant ainsi nous ne les poussons pas à agir mieux.
Je ne dis pas que c'est facile. C'est un défi quotidien pour moi aussi. En plus, j'ai constaté en faisant le challenge que, souvent, on râle avant même d'avoir pris le temps de leur dire clairement ce qu'on attend d'eux, et surtout sans nous assurer qu'ils ont compris. On râle car nos enfants ne font pas ce qu'on attend d'eux, mais souvent nous ne leur avons pas vraiment donné les moyens de le faire. Vous n'êtes pas d'accord ?
J'ai aussi remarqué que, bien souvent, nos enfants sont les victimes de notre désorganisation. Nous sommes en retard et nous les accusons. Nous sommes débordés et nous leur crions après car nous reportons notre stress sur eux. Nous avons aussi parfois tendance à laisser déborder une situation par peur (ou paresse) de la gérer. Et ensuite nous explosons et nous râlons. Discipliner sans râler, c'est essayer de vraiment poser nos limites avec nos enfants, mais en nous donnant à tous les moyens de réussir.
Je voudrais vous inviter à observer toutes les fois où vous vous adressez à vos enfants en râlant, toutes les fois où vous ruminez, criez, soupirez en les jugeant. Est-ce que cela vous convient ? Je ne dis pas que j'ai la solution à toutes les problématiques d'éducation. Ce que je sais, c'est que du simple fait de mettre un bracelet à votre poignet et de vous engager à ne pas râler pendant 21 jours consécutifs, vous vous engagez sur un chemin de découverte, de remise en cause, de prise de responsabilité et de communication qui ne peut que porter ses fruits dans votre relation avec vos enfants.

ET LES POTINS ?

Un jour sur le blog, une lectrice m'a posé une excellente question : « *Quand nous nous racontons les derniers potins, sommes-nous en train de râler ?* » Quand, entre amis ou entre collègues, nous partageons une bonne ou une mauvaise nouvelle concernant une tierce personne qui est absente, je pense que – si l'on reste au niveau de l'information, du partage d'une nouvelle heureuse ou malheureuse – on n'est pas en train de râler, bien au contraire. Nous prenons des nouvelles, nous restons en contact, nous cherchons à tisser des liens. Mais le potin sur une tierce personne absente, qu'on juge négativement (un commérage, un cancan), dont on se moque et dont on porte atteinte à l'image… On dit alors du mal de cette personne et on entretient la conversation sur le sujet pour deux raisons :

cela nous valorise ;
cela nous permet de partager avec les personnes présentes…

C'est triste à dire, mais c'est tellement vrai et nous l'avons tous fait à plusieurs reprises dans notre vie, moi y compris.

Rappelons que dans le challenge « J'arrête de râler », on essaie d'avoir une conversation avec les personnes concernées par nos problèmes, et si on parle avec quelqu'un qui n'a rien à voir avec le problème, ce doit être dans une démarche constructive, pour partager nos émotions, notre difficulté, pour faire appel au bon sens de l'autre et chercher une solution qui nous apaise.

Quand nous sommes en train de juger une personne qui n'est pas là, nous entrons dans la zone interdite du challenge.

Cette réflexion m'a rappelé un texte sur le test des trois passoires[12] que ma mère gardait à la maison quand j'étais enfant et qu'elle avait accroché sur le mur, visible de tous. Je l'ai retrouvé, et le voici :

12 George LeSage (George Ghanotakis), *La Caverne et l'Ange gardien*.

Plutôt que de dire du mal des absents...

Pensez aux trois passoires : vérité, bonté, utilité.

Témoignage

Les trois passoires de Socrate

« Socrate avait, dans la Grèce antique, une haute opinion de la sagesse. Quelqu'un vient un jour trouver le grand philosophe et lui dit :

«Sais-tu ce que je viens d'apprendre sur ton ami ?

– Un instant, répondit Socrate. Avant que tu me racontes, j'aimerais te faire passer un test, celui des 3 passoires.

– Les 3 passoires ?

– Mais oui, reprit Socrate. Avant de raconter toutes sortes de choses sur les autres, il est bon de prendre le temps de filtrer ce que l'on aimerait dire. C'est ce que j'appelle le test des 3 passoires. La première passoire est celle de la vérité. As-tu vérifié si ce que tu veux me dire est vrai ?

– Non, j'en ai simplement entendu parler...

– Très bien, tu ne sais donc pas si c'est la vérité. Essayons de filtrer autrement en utilisant une deuxième passoire, celle de la bonté. Ce que tu veux m'apprendre sur mon ami, est-ce quelque chose de bon ?

– Ah non ! Au contraire.

– Donc, continua Socrate, tu veux me raconter de mauvaises choses sur lui et tu n'es même pas certain qu'elles soient vraies. Tu peux peut-être encore passer le test, car il reste une passoire, celle de l'utilité. Est-il utile que tu m'apprennes ce que mon ami aurait fait ?

– Non, pas vraiment.

– Alors, conclut Socrate, si ce que tu as à me raconter n'est ni vrai, ni bien, ni utile, pourquoi vouloir me le dire ? »

Eh oui, encore une fois, avec ce challenge apprenons à avoir le mot juste. Nos mots sont importants et il faut les utiliser à bon escient : « *En ravalant des paroles méchantes sans les avoir dites, personne ne s'est jamais abîmé l'estomac.* »

RAPPEL

Quand vous êtes en train de raconter des potins, souvenez-vous du test des 3 passoires :

- **1. la vérité :** vérifions que ce que nous voulons dire est vrai ;
- **2. la bonté :** ce qu'on veut dire, est-ce quelque chose de bon ?
- **3. l'utilité :** est-ce utile que nous partagions cela ?

Pourquoi dire des choses qui ne sont ni vraies, ni bonnes, ni utiles ?

EN QUOI ARRÊTER DE RÂLER VA CRÉER UN CHANGEMENT POSITIF ?

« Si vous pensez que vous êtes trop petit pour changer quoi que ce soit, essayez donc de dormir avec un moustique dans votre chambre. »

Vieux proverbe africain

Râler, c'est diffuser de l'énergie négative, et l'énergie négative ne peut pas créer de résultat positif. Aussi, quand vous arrivez à passer de râler à célébrer, vous supprimez de votre vie tous ces moments de tension, d'agitation, d'anxiété. Vous arrivez à passer d'une vie lourde et tendue à une vie légère et ouverte. Cela rejoint un message du blog dans lequel je parle de la vie comme d'un jardin qu'il faut cultiver. Si vous plantez des graines de carottes dans votre jardin, vous allez récolter des carottes. Ne vous attendez pas à récolter des fraises.
Il en est de même dans votre vie. Quand vous râlez, vous plantez des graines de frustration, de négativité, de jugement, de victi-

misation... Vous ne pouvez donc pas vous attendre à récolter dans votre vie de la sérénité, du bonheur, du respect, des réussites.

> *« En s'imposant une certaine discipline intérieure, on peut transformer son attitude, ses conceptions et sa manière d'être dans l'existence [...]. On commence par isoler les facteurs qui mènent à la souffrance. Après quoi, on peut s'attacher peu à peu à éliminer les facteurs de souffrance et à cultiver ceux qui conduisent au bonheur. Telle est la voie. »*
>
> Dalaï-Lama, *L'Art du bonheur* (Robert Laffont, 1999)

Pour vous donner un exemple de la façon dont ce challenge a pu changer ma vie, revenons un peu en arrière et laissez-moi vous raconter la fin de mon challenge. Après deux mois de tentatives, je venais de passer 17 jours consécutifs sans râler. J'étais avec mes parents et ma famille, réunis pour célébrer le mariage de ma cousine. Nous étions en train de déjeuner sur la rive d'un fleuve, et mon cœur débordait de bonheur. Je me sentais ouverte, comme si j'allais exploser de joie. Je savourais chaque instant. Et pourtant la journée n'avait pas forcément été aussi simple, mais j'avais désormais pris l'habitude de cultiver les graines de bonheur de ma journée plutôt que d'arroser et d'entretenir toutes les frustrations. Grâce au challenge, j'avais choisi, ce jour-là, de ne pas rester bloquée sur le fait que ma chambre d'hôtel ne correspondait pas à ma réservation, que cet hôtel qui avait de superbes photos sur Internet était en fait sur un parking dans une zone commerciale, que je venais de passer plusieurs heures dans les bouchons, que mon mari me manquait car je ne l'avais pas vu depuis plusieurs semaines, que j'étais fatiguée après une semaine de travail intense... J'ai préféré savourer, célébrer le moment présent, me réjouir de cette belle journée. J'étais débordante de joie. À un moment, je me suis même presque sentie vulnérable tellement ce

sentiment était fort et ne semblait pas courant (une petite voix que je suis vite parvenue à faire taire me disait : « *Mérites-tu ce bonheur ? Va-t-il se produire un malheur pour tout gâcher ?* »
J'étais si heureuse, si présente. Voilà une journée qui est passée dans ma vie et que j'ai vécue pleinement. Ce challenge m'a permis de savoir, du fond de mes tripes, que ce bonheur profond est accessible. J'ai réussi à créer une connexion forte dans mon cerveau qui me permet désormais de vivre ma vie avec un bonheur d'une intensité toute nouvelle et profondément délicieuse.
Maintenant, imaginons l'impact que ce challenge peut avoir sur la société au sens large. Souvenez-vous que nos mots ont un pouvoir énorme sur la vie (voir p. 70). Si tous les habitants de cette terre adoptaient une parole juste et vraie, nos réalités seraient complètement différentes. Pouvez-vous imaginer ce qui se passerait si nous pouvions tous faire abstraction de nos petits malheurs ? Si nous pouvions voir la vie comme un cadeau qui nous est donné ? Si nous pouvions prendre nos vies en main, faire tout ce qui est nécessaire pour changer ce qui ne nous convient pas et, si nous ne pouvions rien y faire, eh bien nous changerions au moins notre attitude ?

> *« Si vous n'aimez pas quelque chose, changez-le. Si vous ne pouvez pas le changer, changez votre attitude. Ne râlez pas. »*
>
> Maya Angelou[13]

Ce challenge nous amène à définir ce que nous voulons, à nous investir pour améliorer notre vie, plutôt que de nous plaindre. Nous mettons notre attention et notre énergie pour une vie plus

13 maayaangelou.com

agréable, plutôt que contre ce qui ne nous convient pas. Ainsi nous pouvons :
passer de « contre le désordre dans la maison » à mettre en œuvre des plans d'action « pour favoriser l'ordre » ;
passer de « râler contre les retards des trains » à « se donner les moyens pour retrouver une certaine sérénité » (emporter un livre, télécharger une émission que nous aimons et emporter nos écouteurs, acheter un smartphone pour travailler, acheter un scooter, changer de travail...) ;
passer de victime à acteur de sa vie ;
passer de l'accumulation de petites souffrances au bonheur d'une vie pleinement vécue.

Imaginez ce qui se passerait si nous pouvions tous, à travers le monde, mettre toute notre attention sur les solutions plutôt que sur les problèmes.

Beaucoup de personnes me disent que ce livre est utile pour les Français qui sont réputés de par le monde comme étant des râleurs. Mais, finalement, je pense que le débat n'est vraiment pas de savoir si les Français râlent plus ou moins que les autres, mais plutôt de savoir si cela nous convient de râler autant ? Est-ce que nous passons à côté de quelque chose d'important quand nous râlons ? Qu'est-ce que notre nation pourrait créer si elle arrêtait de râler ?

C'est peut-être une utopie de croire qu'une nation entière peut arrêter de râler, mais c'est une utopie qui me plaît.

« Pas une carte au monde n'est digne d'un regard si le pays de l'utopie n'y figure pas. »

Oscar Wilde, *L'Âme humaine et le socialisme*

COMMENT PUIS-JE FAIRE POUR QUE QUELQU'UN ARRÊTE DE RÂLER ?

C'est une question que l'on me pose très souvent. Avez-vous remarqué à quel point on remarque ce qu'on n'aime pas chez les autres plus facilement que chez nous ? Avec ce challenge je crois fermement que le changement commence par soi-même. Commencez par vous demander : *« Est-ce que moi je râle trop ? »*, *« Suis-je heureux avec mon niveau de râlerie »*, *« Est-ce que moi je vois l'intérêt de râler moins ? »*

Si vous avez un collègue, un conjoint, un parent, un ami qui râle trop à votre goût, commencez par vous observer vous-même. Avant de râler sur le fait qu'ils râlent (voir mon propre déclic, page 15) cherchez à voir si vous voulez vous améliorer dans ce domaine.

Voyez-vous, je crois profondément que les choses qui nous énervent le plus dans la vie sont des choses que nous devons améliorer nous-même. Si vous êtes entouré de râleurs et si cela vous agace, alors il y a de fortes chances que vous soyez vous-même un râleur. Et même si vous râlez peu, c'est une zone sensible chez vous, et supprimer vos propres râleries aura probablement un grand impact sur votre vie. En tout cas tout cela s'est avéré être très vrai pour moi.

Je voudrais vous lancer le défi de mettre un bracelet à votre poignet et de commencer le challenge. En toute humilité, observez le nombre de fois où vous râlez. Ne vous jugez pas. Personne n'est là pour vous juger. Soyez humble et faites le constat vous-même, pour vous-même. Je suis prête à parier que vous allez vous rendre compte que vous râlez bien plus que vous ne le souhaitez vraiment.

OUTIL

Râler, c'est un peu comme avoir mauvaise haleine. On le remarque quand ça vient de la bouche de quelqu'un d'autre, mais pas quand ça vient de la nôtre. Je voudrais donc vous inviter à montrer l'exemple.

Quand vous commencerez à changer votre vie en arrêtant de râler (même si vous ne vous sentez pas trop râleur), vous deviendrez un exemple de vie positive et cela va inspirer vos proches. En plus, si vous ne participez pas aux râleries, les autres seront moins tentés de râler autour de vous.

Témoignage

« Ce matin pfff je me suis levée ronchonnante, il fallait m'habiller... pfff je rentre plus dans rien... gnagnagna... Et puis je me suis dit : "Bon, soit je continue ainsi toute la journée, c'est c** on est dimanche, soit je vais voir Christine ou je lis Arnaud (Desjardins)". Finalement, j'ai choisi de venir t'écouter ! Et j'arrête de râler !!!!!!! Ma journée et celle de ceux qui m'entourent s'en trouve éclairée ! Merci Christine pour ces graines de bonne humeur que tu fais pousser à des milliers de kilomètres de chez toi. Bizzz »

Élodie

Ce challenge est pour vous. Regardez-vous dans le miroir et évaluez à quel point vous râlez. Est-ce que vous avez râlé aujourd'hui ? Hier ? Cette semaine ?

ET SI JE CONNAIS QUELQU'UN QUI FAIT LE CHALLENGE ET QUE JE LE SURPRENDS À RÂLER ?

C'est une question à laquelle je n'ai pas pensé quand je faisais mon challenge car j'étais la seule dans mon entourage proche à le faire. En revanche, j'ai vraiment pu constater à quel point l'attitude de mes proches pouvait me soutenir ou au contraire m'énerver et me faire sentir emprisonnée dans mon choix d'arrêter de râler. Will Bowen dans son livre, *A complaint Free world*, a su poser un cadre qui me semble tout à fait pertinent et que je voulais partager avec vous.

Si vous ne faites pas vous-même le challenge, il me semble déplacé que vous vous permettiez de commenter le cheminement de votre ami ou collègue.

Si vous faites vous-même le challenge, dans ce cas vous pouvez choisir de souligner sa râlerie et lui demander de changer son bracelet de côté. Attention, vous devez alors, vous aussi, changer votre bracelet de côté et remettre votre propre compteur à zéro. Cette règle a été définie simplement pour éviter de créer une « police des râleurs » qui rendrait ce challenge désagréable – ce qui n'est pas du tout l'objet de cette aventure. Je ne souhaite pas du tout vous encourager à pointer du doigt les râleries des autres, ce serait d'ailleurs détourner l'objectif de ce projet. Ce challenge est pour VOUS. C'est une démarche personnelle que chacun décide de réaliser. Chacun fait son chemin, à son rythme, comme il peut.

Si vous faites le challenge seul, demandez à votre entourage de relever les fois où vous ne râlez pas (et non le contraire).

Si vous faite le challenge avec des amis, des collègues ou des membres de votre famille, assurez-vous de bien poser les règles afin de garantir un esprit de collaboration, de respect et de soutien. Vous pouvez choisir de vous soutenir les uns les autres et pointer du doigt quand quelqu'un d'autre râle, mais dans ce cas vous redémarrez à zéro avec votre ami. C'est une belle manière de le soutenir aussi ! Je sais que certains lecteurs de mon blog ont choisi de le faire.

EST-IL INTERDIT DE RÂLER POUR LE RESTE DE NOTRE VIE ?

Rassurez-vous, ce n'est pas du tout l'objet de ce challenge (bien que je n'aie rien contre l'idée de ne plus râler du tout pour le reste de ma vie !).
Ce challenge est là pour vous aider à changer d'habitude, c'est pour cela qu'il réclame une tolérance zéro aux râleries pendant 21 jours consécutifs. Vous verrez qu'ensuite, naturellement, vous ne trouverez presque plus aucune raison de râler.
Certains d'entre vous m'ont affirmé haut et fort que dans certains cas râler peut avoir du sens. Et je suis d'accord, mais je tiens aussi à vous mettre en garde contre le fait de vous cacher derrière cette excuse. En toute conscience, analysez vos râleries. Vous constaterez sans doute que le plus souvent elles sont inutiles et même plutôt nuisibles. Vous croyez punir les autres en râlant mais en fait, au final, vous vous punissez vous-même.
Toutefois, si vous vous sentez dans une phase très dure de votre vie (deuil, douleur intense, dépression, profonde insatisfaction…), alors peut-être n'est-ce pas le bon moment pour commencer ce challenge. Trouvez le soutien dont vous avez besoin (un psychologue, un médecin, un coach, un représentant de votre communauté religieuse…). Ne restez pas seul, demandez de l'aide.
Pour tous les autres qui ont une vie plutôt normale où rien de grave n'est en train de se dérouler, avez-vous envie de tenter 21 jours consécutifs sans râler du tout ?

Après 21 jours consécutifs, et plusieurs échecs, j'ai vraiment l'impression de m'être débarrassée d'une lourde charge de râleries que je portais sur mes épaules. J'ai désormais l'esprit plus léger, et surtout je peux mettre mon énergie dans ce qui me tient vraiment à cœur, ma vie.

En toute honnêteté, il m'arrive encore de râler, mais vraiment beaucoup, beaucoup moins qu'avant. Ce challenge avec zéro tolérance m'a permis de changer mes réflexes, et surtout je ressens au fond de moi l'impact qu'ont ces râleries sur moi et mon entourage, et je les arrête tout de suite, ou je demande pardon immédiatement.

Je crois pouvoir dire qu'à présent ma « zone de tolérance à la râlerie » est profondément réduite. Des comportements qui me semblaient encore acceptables avant ce challenge ne le sont plus car je sais que mes râleries sont le signe d'un manque de respect pour moi-même et pour ma vie.

Certains amis essaient encore de me surprendre en train de râler ou, même, m'incitent à râler avec eux. Récemment, j'étais en voiture, coincée dans un bouchon. Et une amie, assise sur le siège du passager, bouillonnait d'impatience. Soudain elle m'a regardée et dit : « *Là, tout de même, ça fait râler, non ?* ». Figurez-vous que son commentaire m'a étonnée. Je n'avais absolument pas ressenti le moindre besoin de râler, pas de nœuds dans le ventre, pas de stress... Je vivais le moment pour ce qu'il était : un moment dans les bouchons. Voulez-vous vous aussi tenter ce challenge et voir l'impact sur votre vie ?

Attention, je ne suis pas là pour faire la police ou vous convaincre de quoi que ce soit. Si vous pensez que râler contribue à votre bien-être (et c'est possible après tout) alors je vous en prie, continuez ! Je vous invite juste à faire le point avec vous-même, à observer votre quotidien et à vous demander : « est-ce que je profite de ma vie ou est-ce que je la subis ? Est-ce que vous avez l'impression de la vivre pleinement, de profiter de chaque jour ? Ou est-ce que, au contraire, vous êtes toujours dans l'at-

tente de quelque chose d'autre, de plus, de mieux, de moins, de différent ? Combien de fois par jour râlez-vous ?
Vous êtes votre propre juge. Je ne suis pas là pour vous convaincre (j'ai vite abandonné cette mission impossible, malgré mon passage radio dans l'émission *Deux minutes pour convaincre* sur RMC en avril 2010). Soyez honnête avec vous-même. À vous de voir si vous râlez trop et si vous avez envie de changer.

Témoignage

« Je pense que le mot "râler" est vraiment propre à un mode d'expression un peu bâtard, entre "la complainte" qui ne changera pas vraiment les choses et "une expression de soi" frustrée et insatisfaite qui prend les autres comme responsables. En tout cas, pour moi, j'identifie bien quand je râle et c'est relié à quelque chose de bien négatif, une frustration comme tu dis qui s'est installée, mais qui ne veut pas changer autant qu'elle a besoin d'exister. Donc pour moi, râler ne fait pas avancer les choses, râler est improductif. Mais c'est personnel, peut-être que pour d'autres personnes râler va permettre le changement... Pour moi non, il ne fait que me pourrir de l'intérieur !
Matyas

À vous de décider si vous voulez tenter cette aventure, si vous êtes curieux et motivé pour découvrir comment votre vie va être changée. Je suis à 300 % certaine qu'il n'y a que du bien qui peut découler de ce challenge. Vous ne pensez pas ?

RAPPEL

Restez patient et ne vous jugez pas.
Le challenge commence par vous. Rien ne sert de reprocher aux autres leurs râleries.
Si vous surprenez quelqu'un qui fait le challenge avec vous en train de râler, vous pouvez le lui faire remarquer, mais vous devez alors vous aussi changer votre bracelet de côté. Vous recommencerez à zéro ensemble.
Quand vous vous lancez dans ce challenge vous participez à un changement d'état d'esprit de la société au sens large.

POUR CONCLURE

APRÈS 21 JOURS…

« La vie est un défi à relever, un bonheur à mériter, une aventure à tenter. »

Mère Teresa

Voilà, j'ai réussi à tenir 21 jours consécutifs sans râler, et je suis fière de moi. Je dois tout de même avouer qu'avec le temps, ce challenge est devenu de plus en plus naturel, de plus en plus simple pour moi. Finalement, râler, petit à petit, a disparu de mes options.

Désormais, quand je me retrouve fasse à un problème ou une frustration, l'éventail de mes possibilités est élargi. Je peux :

changer de point de vue ;
gérer la situation au plus vite en faisant de mon mieux ;
communiquer sans juger et trouver un accord ;
patienter ;
faire des ajustements éviter que le problème ne se reproduise…

Mais râler ne fait plus partie de ce que j'envisage et c'est un profond soulagement. C'est un soulagement car j'ai l'impression d'avoir supprimé une nuisance. Une nuisance qui me polluait, m'empêchait de vivre pleinement ma vie, une nuisance qui me limitait, me rendait victime et en même temps accusatrice.

Vous verrez vous-même qu'en faisant le challenge et en vous engageant à ne pas râler pendant 21 jours consécutifs, vous allez développer un optimisme concret qui va vous libérer et vous donner du pouvoir. Du bon pouvoir, le vrai pouvoir, celui qui fait avancer les choses. Vous irez de l'avant et vous serez bien dans vos baskets. Vous vous sentirez solide, serein et inébranlable.

CHANGEZ SA VIE

Chercher à se débarrasser d'un réflexe tellement ancré en nous n'est pas facile, c'est vrai, mais si vous osez commencer aujourd'hui, vous pourrez dès demain commencer à vivre plus sereinement la vie que vous souhaitez du fond de votre cœur, comme l'explique une lectrice du blog :

Témoignage

« Eh bien, je dois avouer que je suis tout simplement fière de moi, rien de moins ! En fait je me sens bien mieux au fond de moi… Et mes filles se sentent aussi mieux ! Depuis que j'essaye de moins râler, j'ai été capable de reprendre un état d'esprit de dialogue. J'explique à nouveau plus les choses. Je me sens redevenir celle que je pense être au fond de moi, celle que je veux être. Je me sens heureuse d'être cette personne. Bien plus que quand je râle et que j'ai l'impression de ressembler à Baba Yaga, la méchante sorcière ! »

Nj

Tout ne sera pas rose dès demain mais, chaque jour, vous ferez des progrès et vous découvrirez de nouvelles manières de fonctionner. L'important, c'est de commencer.

Ce challenge est un mode d'emploi aux instructions très simples. Et je voudrais vous inviter à ne pas faire le challenge pour lui-même, comme un défi, mais plutôt pour acquérir de la sérénité. Gardez en tête que les objectifs sont votre bonheur, votre légèreté, votre joie de savourer la vie et de profiter pleinement de chaque jour qui vous est donné de vivre.
Et ça marche ! J'ai pu le constater dans ma propre vie, et régulièrement je reçois des messages de personnes qui, comme moi, ont tenté le challenge. En modifiant leur façon de communiquer, et en regardant en face les sources de frustration de leur quotidien, ils ont commencé à prendre leur vie en main et à « créer » un quotidien qui les rend heureux. Ces gens sont des gens tout à fait ordinaires qui ont eu soif d'une vie extraordinaire.
Vivre sa vie sans râler est un choix qui devient ensuite comme une « hygiène de vie ». Cela demande de la discipline au quotidien. Nous devons nous rappeler à tout instant nos objectifs et nos valeurs.

> *« Nous sommes ce que nous répétons sans cesse. L'excellence n'est donc pas un acte mais une habitude. »*
> Aristote, *Éthique à Nicomaque*, II, 1.

Ce challenge n'est pas quelque chose que nous pouvons faire à moitié. Il faut être profondément engagé. Nous devons persévérer et nous améliorer dans les domaines qui nous tiennent à cœur. En dernière partie de ce livre, vous trouverez des exercices pour vous y aider, et une trame de journal intime pour faire le point au quotidien et tirer les leçons de sa journée comme j'ai pu le faire avec le blog quand je faisais le challenge. Vous êtes également tous les bienvenus sur le blog pour partager votre expérience.
La persévérance est une qualité que l'on trouve chez toutes les personnes accomplies (celles qui ont su avancer et dépasser les

obstacles pour réussir – comme Thomas Edison qui a inventé l'électricité après une série invraisemblable d'échecs), et avec ce challenge c'est à chacun d'avancer pas à pas, en acceptant les obstacles, en ne se laissant pas aller à baisser les bras et déclarer forfait trop tôt, en tirant les leçons de nos réussites comme de nos échecs.

> *« Le pessimisme est d'humeur, l'optimisme est de volonté. Tout homme qui se laisse aller est triste. »*
>
> Alain, *Propos sur le bonheur*, Gallimard, 1925.

Pour réussir ce challenge, il faut commencer par y croire. Croire en votre capacité de « créer » une vie où vous n'avez plus de raison de râler.

En réalisant ce challenge vous allez devenir de plus en plus conscient des choses internes ou externes qui vous empêchent de vivre pleinement votre vie. Et, jour après jour, vous allez changer vos habitudes et bâtir une vie qui vous rend pleinement heureux.

Ce challenge est le vôtre. À vous de vous prendre en main et d'y croire. Je n'ai aucun doute sur votre capacité à y arriver.

Témoignages

« J'ai décidé d'arrêter de râler au 1er janvier 2011.
Je connaissais le challenge depuis le début et avais très envie de le faire, mais je ne m'en sentais pas capable. Il m'a fallu six mois pour réussir à lâcher prise et à y croire.
Mes freins étaient les suivants : ça va être trop difficile, je ne vais pas me rendre compte que je râle, car c'est trop ancré dans mon quotidien. Mais également : je ne suis pas prête à vivre les grands changements qui vont en découler, comme un éloignement de ma culture familiale d'origine, ou de certaines relations basées sur les râleries.
J'ai finalement décidé que je voulais vivre une vie heureuse et que m'éloigner des relations négatives serait certainement bénéfique. Sans rejeter ceux qui râlent, je prends conscience chaque jour que j'ai choisi de ne pas abonder à cette source que je ressens comme toxique.
Je peux écouter quelqu'un qui râle, mais par rapport à avant, je pose ma limite, en douceur, quand je sens que sa râlerie me contamine. J'apprends donc à me respecter. Et j'en dégage une meilleure estime de moi.
Je n'en suis qu'au début de la reprogrammation, mais le fait d'avoir su choisir le bon moment pour me lancer m'apporte une certaine confiance et conforte mon choix : je veux vivre heureuse et entourée par des gens positifs, ou plutôt, entourée par le côté positif des gens. »
Marie-Laure

Une épidémie mondiale est en train de se propager à une allure vertigineuse.
L'OMB (Organisation mondiale du Bien-être) prévoit que des milliards d'individus seront contaminés dans les dix ans à venir.

Voici les symptômes de cette terrible « maladie » :

.../...

.../...

1 - Tendance à se laisser guider par son intuition personnelle plutôt que d'agir sous la pression des peurs, idées reçues et conditionnements du passé.
2 - Manque total d'intérêt pour juger les autres, se juger soi-même et s'intéresser à tout ce qui engendre des conflits.
3 - Perte complète de la capacité à se faire du souci (cela représente l'un des symptômes les plus graves).
4 - Plaisir constant à apprécier les choses et les êtres tels qu'ils sont, ce qui entraîne la disparition de l'habitude de vouloir changer les autres.
5 - Désir intense de se transformer soi-même pour gérer positivement ses pensées, ses émotions, son corps physique, sa vie matérielle et son environnement afin de développer sans cesse ses potentiels de santé, de créativité et d'amour.
6 - Attaques répétées de sourires, ce sourire qui dit "merci" et donne un sentiment d'unité et d'harmonie avec tout ce qui vit.
7 - Ouverture sans cesse croissante à l'esprit d'enfance, à la simplicité, au rire et à la gaieté.
8 - Moments de plus en plus fréquents de communication consciente avec son âme, ce qui donne un sentiment très agréable de plénitude et de bonheur.
9 - Plaisir de se comporter en guérisseur qui apporte joie et lumière plutôt qu'en critique ou en indifférent.
10 - Capacité à vivre seul, en couple, en famille et en société dans la fluidité et l'égalité, sans jouer ni les victimes, ni les bourreaux.
11 - Sentiment de se sentir responsable et heureux d'offrir au monde ses rêves d'un futur abondant, harmonieux et pacifique.
12 - Acceptation totale de sa présence sur terre et volonté de choisir à chaque instant le beau, le bon, le vrai et le vivant.
Si vous voulez continuer à vivre dans la peur, la dépendance, les conflits, la maladie et le conformisme, évitez tout contact avec des personnes présentant ces symptômes.

.../...

…/…

Cette maladie est extrêmement contagieuse !
Si vous présentez déjà des symptômes, sachez que votre état est probablement irréversible.
Les traitements médicaux peuvent faire disparaître momentanément quelques symptômes mais ne peuvent s'opposer à la progression inéluctable du « mal ».
Aucun vaccin anti-bonheur n'existe.
Comme cette maladie du bonheur provoque une perte de la peur de mourir, qui est l'un des piliers centraux des croyances de la société matérialiste moderne, des troubles sociaux risquent de se produire, tels des grèves de l'esprit belliqueux et du besoin d'avoir raison, des rassemblements de gens heureux pour chanter, danser et célébrer la vie, des cercles de partage et de guérison, des crises de fou rire et des séances de défoulement émotionnel collectives.

Texte anonyme diffusé sur Internet

ANNEXES

LE CHALLENGE ET VOUS

Cette partie est là pour vous donner des outils, pour vous accompagner dans votre challenge. Dans un premier temps, je vous présente des exercices que j'ai personnellement sélectionnés ou créés pour vous car ils me semblent parfaits pour vous aider à apprendre sur vous-même, à identifier le cœur de vos râleries et vous aider à les supprimer.
Ensuite, dans un deuxième temps, j'ai créé pour vous une trame de journal intime avec les questions que je me posais tous les soirs quand je faisais le bilan de ma journée lorsque j'étais en cure de désintoxication de mes râleries. Je vous invite à vous en servir pour faire le point, le bilan et à tirer les leçons et les pépites de votre challenge. Encore une fois, n'hésitez pas à venir me rendre visite sur le blog www.jarretederaler.com

QUELQUES EXERCICES POUR ARRÊTER DE RÂLER

METTRE LE DOIGT SUR VOTRE RÂLERIE PRINCIPALE

Faites le point sur les 6 derniers mois :

1. Dans votre vie, qu'est-ce qui vous a fait souffrir ces derniers temps ? Quelle était votre râlerie chronique ?

Par exemple : *« j'ai mal au dos »*, *« mon boulot me saoule »*, ou *« je me trouve gros »*...

....

....

....

2. Serait-il possible de transformer cette frustration chronique en un objectif particulier pour les mois à venir ?

....

....

....

3. Que faites-vous (ou ne faites-vous pas) pour empêcher du changement dans ce domaine ?

Soyez honnête et précis. Il ne s'agit pas ici de s'auto-flageller. Cette question va vous aider à découvrir si vous avez des engagements qui vont à l'encontre les uns des autres.

Par exemple, vous râlez peut-être sur vos kilos en trop, mais ne faites pas de sport car cela empiéterait trop sur votre précieux temps, que vous préférez passer avec votre famille. Ou bien vous voulez fonder votre entreprise, mais vous n'avez jamais fini vos recherches pour choisir dans quel domaine et quel type de boîte vous voulez monter.

....

....

....

4. Quelles sont les angoisses ou les craintes qui surgissent quand vous pensez l'opposé de ce que vous avez écrit dans la troisième question ?

Par exemple : « *Et si je prenais le temps de faire du sport ? J'aurais moins de temps pour ma famille, mon conjoint sera-t-il triste que je ne sois pas à la maison ?* » ou : « *Et si je démarrais ma propre entreprise ? Je veux être sûr de ne pas me planter, je ne suis pas certain de pouvoir être un bon entrepreneur, comment choisir quelle boîte monter ?* »

....

....

....

5. Quelles sont les suppositions ou les idées préconçues qui vous empêchent de changer et de supprimer votre frustration ?

Par exemple : « *Faire du sport prend trop de temps, de toutes les façons cela ne servira pas à grand-chose ; je ne suis pas assez intelligent pour monter ma propre entreprise, il y a des choses que je dois absolument savoir et que j'ignore sur le monde des affaires.* »

....

....

....

6. Reprenez vos réponses à la question 5 et demandez-vous : est-ce vrai ?

....

....

....

7. Qu'allez-vous oser faire différemment pendant ce challenge ?

Par exemple : « *Je vais faire des abdominaux 5 minutes tous les matins ; je vais sortir avec mon conjoint au moins 2 fois par mois ; je vais éteindre mon ordinateur de 17 heures à 20 heures pour profiter pleinement de ma famille... ; je vais contacter les trois entrepreneurs que je connais et leur demander de me raconter leur expérience ; je vais prendre rendez-vous avec mon réseau d'entrepreneurs locaux ; je vais engager un coach pour définir ce projet qui me tient à cœur...* »

....

....

....

8. Désormais, lorsque vous avez envie d'exprimer votre râlerie principale, à présent identifiée, demandez-vous ce que vous pouvez célébrer à la place ?

Par exemple : « *Je célèbre le fait que je travaille pour retrouver la ligne lentement mais sûrement, je célèbre le fait de mettre ma famille et mon couple au cœur de mes choix au quotidien, je célèbre le bonheur d'ac-*

céder à beaucoup de ressources pour définir mon projet, je suis capable d'avancer un peu plus chaque semaine. »

....

....

....

QUELLE EST LA CAUSE DE VOS RÂLERIES ?

Il est important, en effet, de voir comment vous réagissez quand vous êtes frustré ou que quelque chose ne se passe pas comme vous voulez. Selon votre nature, pessimiste ou optimiste, vous ne réagirez pas de la même manière.

Les pessimistes ont tendance à penser que la cause de leur râlerie est universelle et permanente : « *On ne peut pas compter sur les services de transports en commun* (universalité, valable dans tous les domaines), *il y a toujours des retards ou des grèves* (permanence). »

Les optimistes vont plutôt avoir tendance à attribuer leurs frustrations à des causes transitoires et spécifiques : « *Sur la ligne A du RER* (spécifique), *il y a plus souvent du retard que sur les autres lignes car elle doit être rénovée* (transitoire). *Mais globalement cette ligne me rend bien service.* »

QUE DITES-VOUS EN CAS DE FRUSTRATION ?

Identifiez trois situations qui vous ont fait râler cette semaine :

1. ....
2. ....
3. ....

Pour chacune d'elles, indiquez ce que vous vous êtes dit (ne cherchez pas à modifier, peu importe si c'était juste ou non) :

1. ....
2. ....
3. ....

Puis revenez sur vos réponses et notez-vous. Avez-vous tendance à voir les choses qui vous frustrent comme des choses permanentes et universelles ou transitoires et spécifiques ?
Notez devant chacune un *P* pour permanente et un *T* pour transitoire.
Notez ensuite un *U* pour universelle et un *S* pour spécifique.
À chaque fois que vous imaginez des causes permanentes et universelles, sachez qu'elles alimentent votre frustration et font monter la pression en vous. Vous vous sentez victime, impuissant et découragé et concluez : « *À quoi bon*[14] *!* »

FOCALISER SON ATTENTION SUR LA SOLUTION

Écrivez vos réponses aux questions suivantes :

1. Pensez à une situation qui vous a fait râler dernièrement :

....

Sur une échelle de 1 à 10, notez comment vous vous sentez par rapport à cette situation, 1 étant « *je suis affreusement mal par rapport à cette situation* », et 10 étant « *tout va pour le mieux dans le meilleur des mondes* ».
Si vous vous êtes donné un 1, passez à la question 3.

2. Parfait, vous ne vous êtes pas attribué de 1 ! Écrivez maintenant de manière très exhaustive ce que vous faites qui vous permet de vous donner cette note et non pas une note plus basse (1 par exemple) :

Par exemple : « *J'ai râlé sur mon enfant hier. Je mets la note 4 car je ne suis pas satisfait, mais je ne me mets pas 1 car je trouve que je suis tout de même un bon parent. Après avoir râlé et crié j'ai pris le temps de m'excuser et j'ai essayé de lui expliquer ce qui ne me convenait pas.* »

14 Cet exercice est inspiré d'un exercice tiré du *Petit cahier d'exercices pour voir la vie en rose* d'Yves-Alexandre Thalman, éditions Jouvences, 2010.

....
....
....

3. Ensuite, demandez-vous quelle pourrait être la première petite chose que vous pourriez faire pour augmenter votre niveau de satisfaction d'un point ?

Réfléchissez bien et notez autant de choses que possible. Par exemple : « *Pour passer de 4 à 5, je pourrais me faire un petit tableau avec la liste des choses que je souhaite que mon enfant fasse tous les jours en rentrant de l'école. Je crois que cela va l'aider à réaliser les tâches qu'il doit faire, et j'aurais moins besoin de râler. Je pourrais aussi organiser un conseil de famille pour qu'on en parle tous ensemble et qu'on trouve un accord. Ou bien demander à son papa/sa maman de me soutenir dans ce challenge et de lui parler.* »

....
....
....

4. Au regard de ce que vous avez noté, quels sont les premiers petits pas que vous pourriez faire dans les prochains jours pour augmenter votre niveau de satisfaction ?

Par exemple : « *Je vais faire le tableau, le montrer à son papa/sa maman, et ensemble nous allons le présenter à notre enfant.* » Commencez par poser des actes que vous avez listés et célébrez les fois où vous vous sentez un peu plus satisfait.

....
....
....

Cet exercice a été adapté de la « solution focus technique » avec l'autorisation de Mark McKergow, conférencier, formateur et coauteur « The solution Focus ».

LÂCHER PRISE AVEC LA MÉTHODE SEDONA

Installez-vous confortablement et assurez-vous de ne pas être dérangé ou distrait. Prenez deux ou trois grandes inspirations et centrez-vous sur vous-même. Vous pouvez avoir les yeux fermés ou ouverts.

Première étape

Concentrez votre attention sur un problème à propos duquel vous souhaitez vous sentir mieux.

Maintenant, accueillez vos émotions présentes quelles qu'elles soient (colère, rage, déception, tristesse...) : il n'est pas nécessaire que ce soit des émotions fortes. Que vous ne ressentiez rien, que vous vous sentiez vide, les jambes coupées, sans voix ou dans un état de profond désarroi, vous pouvez lâcher prise de toutes ces émotions, qu'elles soient facilement identifiables ou non.

Restez dans le moment présent et prenez conscience de ce que vous ressentez quand vous pensez à votre problème. Ce processus est volontairement très simple, mais ce n'est que dans le moment présent que vous pouvez trouver un moyen de vous sentir mieux.

....

....

....

Deuxième étape

Posez-vous cette question : puis-je laisser aller cette émotion ? Il s'agit tout simplement de voir ici si vous êtes prêt à lâcher prise et à vivre sans cette émotion. Vous pouvez répondre « oui » ou « non », les deux réponses sont acceptables (bien souvent vous allez lâcher prise même si vous répondez « non »). Toutes les questions posées dans ce processus sont simples. Elles ne sont pas importantes en elles-mêmes, mais ont été conçues pour vous aider à prendre conscience que vous pouvez arrêter de porter le poids du passé et simplement lâcher prise.

Passez à l'étape 3 quelle que soit la réponse à la question.
....
....
....

Troisième étape

Posez-vous la question suivante : vais-je lâcher prise ? Est-ce que j'ai envie de lâcher prise ? Encore une fois, ne commencez pas à débattre. Rappelez-vous que vous prenez la décision pour vous-même, dans le but d'être libéré de la souffrance causée par ce problème. Si la souffrance est trop grande ou existe depuis trop longtemps, il faudra peut-être lâcher prise en plusieurs petites étapes et vous faire aider d'un médecin spécialisé.

Si la réponse est « non » ou si vous n'êtes pas sûr de vous, demandez-vous : est-ce que je préfère me sentir comme ça ou est-ce que je préférerais me sentir libre ?

Même si la réponse est toujours « non », allez à la quatrième étape.
....
....
....

Quatrième étape

Posez-vous cette question très simple : quand voudrais-je lâcher prise ? C'est une invitation à lâcher prise maintenant. Peut-être serez-vous surpris de vous sentir lâcher prise. Rappelez-vous qu'il s'agit d'une décision, de votre décision, et que vous pouvez le faire à chaque instant.
....
....
....

Cinquième étape

Répétez le processus plusieurs fois jusqu'à ce que vous vous sentiez libre. C'est un exercice qui demande de la pratique, et les change-

ments peuvent sembler subtils au début. Vous allez probablement découvrir que vous lâchez un peu plus prise à chaque fois que vous vous posez ces questions. Les résultats peuvent parfois paraître subtils au début, mais si vous persévérez, ils seront de plus en plus évidents. Vous vous rendrez compte que certaines émotions, certains sujets se présenteront à vous en plusieurs étapes. Mais rappelez-vous que ce que vous avez relâché est parti pour de bon et que vous en êtes libéré.

....

....

....

Cet exercice est inspiré de la méthode Sedona[15].

REMETTRE EN QUESTION NOS JUGEMENTS AVEC KATIE BYRON

« Si je pense que vous êtes mon problème, je suis fou. »
Katie Byron, *Aimer ce qui est*
(avec Stephen Mitchell, Ariane, 2003).

Avec cet exercice tiré de son site *Le Travail*, que je vous recommande de visiter (www.thework.com/français), Katie Byron nous invite à nous libérer du stress énorme que nous subissons lorsque nous contestons ce qui est. Selon elle, se disputer avec la réalité est futile, c'est comme vouloir apprendre à un chat à aboyer comme un chien.

15 www.methode-sedona.com/ ou sedona.com/, *La Méthode Sedona : L'art du lâcher-prise*, Les Éditions du Gondor.

« Les personnes qui viennent de découvrir Le Travail me disent souvent : “Mais vais-je perdre tout pouvoir si j'arrête de contester la réalité. Si j'accepte simplement la réalité, je vais devenir passif. Je risque même de perdre toute envie d'agir.”
Je leur réponds par une question : “Pouvez-vous absolument savoir que c'est vrai ?” Qu'est-ce que donne le plus de pouvoir ? “Je n'aurais pas dû perdre mon travail” ou “j'ai perdu mon travail, que puis-je faire maintenant ?” Le Travail révèle que ce que vous pensez qui n'aurait pas dû arriver, aurait dû arriver. Cela aurait dû arriver puisque c'est arrivé, et aucune pensée au monde ne peut rien y changer. Cela ne veut pas dire que vous l'excusiez ou l'approuviez.
Ceci veut simplement dire que vous pouvez voir les choses sans résistance et sans la confusion liée à votre combat intérieur. Personne ne veut que ses enfants soient malades, personne ne souhaite avoir un accident de voiture ; mais lorsque ces choses-là arrivent, comment s'y opposer mentalement peut-il être aidant ? Nous savons faire mieux que cela, et pourtant nous le faisons, faute de savoir comment arrêter. »

Katie Byron, *Aimer ce qui est*, Ariane, 2003.

Écrivez l'*a priori* qui est la source de votre râlerie en vous inspirant des instructions ci-dessous. Ensuite, passez à la deuxième étape de cet exercice en vous posant les questions du “Travail”.

Étape 1 : Votre jugement sans retenue

Décrivez quelqu'un qui vous irrite, vous perturbe, vous attriste ou vous déçoit. Qu'est-ce que vous n'aimez pas à son sujet ?

Exemple : Vincent m'énerve car il critique toujours ce que je fais. Il ne me soutient jamais.

....

....

....

Comment-voulez vous que cette personne change, que voulez-vous qu'elle fasse ou ne fasse pas ?

Exemple : Je voudrais que Vincent me soutienne et arrête d'être toujours aussi décourageant sur tout ce que j'entreprends.

....

....

....

Avez-vous besoin de quoi que ce soit de la part de cette personne ?

Exemple : Je voudrais que Vincent me respecte plus et me fasse confiance, et qu'il réalise que je ne suis pas débile et que je peux parfois avoir de bonnes idées.

....

....

....

Si vous vous laissiez aller à être mesquin et critique, que diriez-vous de cette personne ?

Exemple : C'est facile de critiquer, mais lui il ne fait pas mieux. D'ailleurs il ne fait rien. Il remet toujours tout en cause et casse mes projets, mais lui il n'a jamais rien réussi alors il est mal placé pour me donner des conseils.

....

....

....

Étape 2 : Les questions du « Travail »

Reprenez chacune de vos affirmations ci-dessus et questionnez-les avec les quatre points ci-dessous.

Est-ce que c'est vrai ?

....

....

....

Pouvez-vous absolument savoir que c'est vrai ?

....

....

....

Comment réagissez-vous, que se passe-t-il quand vous croyez que cette pensée est vraie ?

....

....

....

Qui seriez-vous sans cette pensée ? Remarquez ce qui vous est révélé lorsque vous vous posez cette dernière question.

....

....

....

Le retournement

Retournez l'affirmation, et trouvez trois exemples authentiques et précis de la façon dont cela est vrai dans votre vie. Exemple : « *Vincent ne me soutient pas* » devient « *Je ne soutiens pas Vincent* » ou « *Je ne me soutiens pas moi-même* » ou « *Vincent me soutient* ».

....

....

....

ALLEZ AU CŒUR DES CHOSES PLUTÔT QUE RÂLER « EN SURFACE »

J'ai pu constater que, bien souvent, on râle sur quelque chose « en surface ». On dit : « Mon boulot me saoule » ou : « J'en ai ras le bol du métro, boulot, dodo », mais en fait on essaie de combler un besoin plus profond. L'idée de cet exercice est de vous permettre de prendre conscience de votre besoin profond afin que vous puissiez le combler, car râler sur des détails ne permet pas d'avancer.

1. Notez une râlerie qui est très présente dans votre vie.

Exemple : « Mon boulot me saoule. »

2. Demandez-vous ensuite les cinq « pourquoi ? »

Exemple (procédez par étapes) :

Pourquoi mon boulot me saoule ? Réponse : parce qu'il y a une mauvaise ambiance.

....

....

....

Pourquoi cela est-il important que je travaille dans une bonne ambiance ? Parce que je suis sensible à mon environnement.

....

....

....

Pourquoi est-il important que mon environnement soit convivial ? Parce que cela me motive et je n'ai pas envie de travailler quand je suis entouré de potins.

....

....

....

Pourquoi est-il important qu'il n'y ait pas de potins ? Parce que cela marque un côté infantile et je trouve que nous devrions être au-dessus de cela.

....

....

....

Pourquoi est-il important d'être au-dessus de cela ? Car cela nous empêche de faire du bon boulot et de servir à quelque chose.

....

....

....

3. Prenez une action pour satisfaire votre profond besoin : quelles actions pouvez-vous choisir qui vous permettent de vous sentir vraiment utile ?

....

....

....

Témoignage

« Avec ce challenge j'ai compris que râler vient aussi spontanément, et que ce qui est important pour changer, c'est de mettre le doigt sur le mécanisme qui nous pousse à râler (bien souvent malgré nous, on ne peut pas s'en empêcher), et non sur la râlerie en elle-même. C'est comme le mec qui continue à essuyer le sol alors qu'il ne voit pas que c'est le robinet qui est ouvert et coule indéfiniment ! »
Matyas Lebrun

J'ARRÊTE DE RÂLER, LE JOURNAL

Les lecteurs qui le souhaitent peuvent tenter le challenge de prendre des notes sur leurs expériences en répondant tous les jours aux questions qui suivent. C'est un outil qui m'a été très utile. En effet, lorsque j'étais dans le challenge, je me posais ces questions tous les soirs pour tirer les leçons de ma journée. Je prenais ensuite le temps de les partager avec les lecteurs du blog.

Jour 1

Quelles sont les frustrations que j'ai ressenties aujourd'hui ?

....

....

Pourquoi je me suis senti(e) frustré(e) ?

....

....

Quel est dans le fond mon besoin non satisfait ?

....

....

Qu'est-ce qui est important dans cela ?

....

....

Suite à ma frustration, ai-je râlé ?

- Si oui, comment aurais-je pu réagir autrement ? Que puis-je changer pour ne pas râler la prochaine fois ?

....

....

- Si je n'ai pas râlé, comment ai-je réagi ? Suis-je satisfaite de ma réaction ?

....

....

Et ainsi de suite.

LA COMMUNICATION NON VIOLENTE

Voici une liste de mots pour vous aider à communiquer vos frustrations sans râler. Parfois, on râle parce qu'on n'a pas les mots pour dire le fond de nos pensées. *Les outils de communication non violente* de Marshall B. Rosenberg (voir Ressources, p. 184) auxquels je fais référence dans ce livre viennent alors à notre secours avec les tableaux ci-dessous :

BESOINS HUMAINS QUE NOUS AVONS TOUS EN COMMUN (QUELQUES-UNS DE NOS BESOINS…)

BIEN-ÊTRE/SURVIE	
Abri	Respiration
Alimentation, hydratation, évacuation	Stimulation sensorielle
Envie sexuelle	Sécurité (affective et matérielle)
Lumière	Préservation (du temps, de l'énergie…)
Mouvement, repos	Protection
Reproduction (survie espèce)	
AUTONOMIE	
Liberté	Choisir ses rêves/objectifs/valeurs
Interdépendance	Choisir les moyens de réaliser ses rêves
INTERDÉPENDANCE	
Acceptation	Chaleur humaine
Affection, amour	Confiance
Appartenance	Considération
Appréciation	Contribution à la vie (des autres, de la mienne)

ACCOMPLISSEMENT	
Apprentissage	Croissance, évolution
Authenticité	Expression
Beauté, harmonie	Inspiration
Conscience	Intégrité
Créativité	Paix
RÉALISATION	
Sens, compréhension, orientation	Sincérité, honnêteté (qui nous permet de tirer des leçons de nos limites)
Spiritualité	
AUTONOMIE	
Liberté	Choisir ses rêves/objectifs/valeurs
Interdépendance	Choisir les moyens de réaliser ses rêves
INTERDÉPENDANCE	
Acceptation	Contribution à la vie (des autres, de la mienne)
Affection, amour	Donner et recevoir (de l'attention, affection, amour, tendresse)
Appartenance	Empathie
Appréciation	Intimité, proximité
Chaleur humaine	Partage, participation
Confiance	Respect de soi/de l'autre
Considération	
JEU	
Défoulement	Récréation, ressourcement
CÉLÉBRATIONS	
Apprécier la vie et des réalisations	Commémoration des deuils et des pertes (d'une personne aimée, d'un rêve…), ritualisation, partage des joies et des peines

SENTIMENTS QUE NOUS ÉPROUVONS LORSQUE NOS BESOINS NE SONT PAS SATISFAITS

Abattu	Consterné	Ennuyé
Accablé	Contrarié	Enragé
Affamé	Courroucé	Envieux
Affligé	Craintif	Épouvanté
Affolé	Crispé	Éprouvé
Agacé	Curieux	Épuisé
Agité	Décontenancé	Éreinté
Aigri	Découragé	Étonné
Alarmé	Déçu	Exaspéré
Âme en peine (L')	Dégoûté	Excédé
Amer	Démonté	Excité
Angoissé	Démoralisé	Ébahi
Animosité (plein d')	Démuni	Ébranlé
Anxieux	Dépassé	Écœuré
Apathique	Dépité	Effrayé
Apeuré	Déprimé	Élan (sans)
Appréhension (plein d')	Dérangé	Embarrassé
Assoiffé	Désappointé	Embêté
Aversion (avoir de l')	Désarçonné	Fâché
Blessé	Désarmé	Fatigué
Bloqué	Désespéré	Furieux (fou)
Cafardeux	Désolé	Fourbu
Chagriné	Détaché	Fragile
Choqué	Douloureux	Frousse (avoir la)
Cœur brisé (avoir le)	Embrouillé	Frustré
Concerné	Endormi	Gardes (sur ses)
Confus	Énervé	Grognon

Haineux	Lourd	Tourmenté
Haletant	Mal à l'aise	Triste
Hésitant	Malheureux	Troublé
Honteux	Mécontent	Ulcéré
Horrifié	Méfiant	Vexé
Horripilé	Mélancolique	Vidé
Hors de soi	Moral (qui n'a pas le)	Ou bien d'humeur…
Humeur noire (d')	Navré	Chagrine
Impatient	Nerveux	Maussade
Impuissant	Paniqué	Massacrante
« Inconfortable »	Peiné	Morose
Incrédule	Perplexe	Sombre
Indécis	Perturbé	Ou bien plein…
Indifférent	Pessimiste	D'agressivité
Indolent	Préoccupé	D'appréhension
Inerte	Réticent	D'aversion
Inquiet	Saturé	De dégoût
Insatisfait	Sceptique	De culpabilité
Insécurité	Secoué	D'ennui
Insensible	Seul	De lassitude
Instable	Soucieux	De peur, de trouille
Intéressé	Soupçonneux	De pitié
Intrigué	Stupéfait	De rancœur
Irrité	Surexcité	De réserve
Jaloux	Surpris, terrifié	De ressentiment
Las	Tiraillé	

LA COMMUNICATION NON VIOLENTE SUR INTERNET

Communication non violente :
www.nvc-europe.org/france

Site de l'auteur Thomas d'Ansembourg :
Formateur certifié en communication non-violente et auteur du livre *Cessez d'être gentil, soyez vrai – être avec les autres en restant soi-même* aux Éditions de l'homme.
www.thomasdansembourg.com

Gestion positive des conflits :
http://users.skynet.be/martine.marenne

RESSOURCES UTILISÉES POUR ÉCRIRE CET OUVRAGE ET À LIRE POUR VOUS AIDER DANS LE CHALLENGE

Le Dalaï-Lama (avec Howard Cutler), *L'Art du bonheur*

Matthieu Ricard, *Plaidoyer pour le bonheur*

Épictète, *Manuel*

Marc-Aurèle, *Pensées*

Sénèque, *De la tranquillité de l'âme, De la brièveté de la vie, De la vie heureuse, Lettres à Lucilius*

Laurent Gounelle, *Dieu voyage toujours incognito, L'Homme qui voulait être heureux*

Adèle Faber et Elaine Mazlish, *Parler pour que les enfants écoutent, écouter pour que les enfants parlent; Jalousies et rivalités entre frères et sœurs*

Marcelle Auclair, *Le Livre du bonheur*

Marshall B. Rosenberg, *Les Mots sont des fenêtres (ou bien ce sont des murs), La Communication non violente au quotidien*

Eckhart Tolle, *Le Pouvoir du moment présent, Nouvelle Terre*

Marci Shimoff, *Heureux sans raison, La quête d'un bonheur pur et véridique*

Christophe André, *Imparfaits, libres et heureux*

Thomas d'Ansembourg, *Cessez d'être gentil, soyez vrai*

Wayland Myers, *Pratique de la communication non violente : établir de nouvelles relations*

Don Miguel Ruiz, *Les Quatre Accords toltèques : la voie de la liberté personnelle*

Yves-Alexandre Thalmann, *Les Gens heureux ne s'inquiètent pas de savoir si c'est vrai... Ils se racontent de belles histoires* ; *Petit cahier d'exercices pour voir la vie en rose* (illustré par Jean Augagneur) ; *Petit cahier d'exercices d'entraînement au bonheur* ; *Petit cahier d'exercices pour vivre sa colère au positif*

Daniel Todd Gilbert, *Et si le bonheur vous tombait dessus*

Angeles Arrien, *Les Quatre Voies de l'initiation chamanique*

Anne Defourmantelle, *En cas d'amour : psychopathologie de la vie amoureuse*

David D. Burns, *Se libérer de l'anxiété sans médicaments : La thérapie cognitive, un autotraitement révolutionnaire de la dépression.* Voir aussi son site (en anglais) : www.feelinggood.com/Dr_Burns.htm

Marianne Williamson, *Un retour à l'amour : manuel de psychothérapie spirituelle : lâcher prise, pardonner, aimer*

Katie Byron (avec Stephen Mitchell), *Aimer ce qui est*

Will Bowen, *A complaint free world, Double day.* (En anglais.)

Site Internet, en anglais, de Max More : www.maxmore.com

Des exercices en anglais pour aller plus loin : Knowing and not : www.doceo.co.uk/tools/knowing.htm

Site en français de la méthode Sedona : www.methode-sedona.com

Hale Dwoskin, *La Méthode Sedona : l'art du lâcher-prise*

Site en anglais du Nia : www.nianow.fr

LIVRES POUR VOS ENFANTS

Tous ces livres sont facilement disponibles chez les libraires ou sur www.pourpenser.fr

Gary Anderson / Adrien Bernard Reymond, *Contes par-delà l'horizon*

Lise Daulin, *Juste une rencontre*

Pierre Hedrich / Galou, *La Tache rouge*

Stéphanie Léon, *Le Dragon qui se regardait le nombril*
Aline de Pétigny, *Petites pensées à l'endroit*, 4 tomes
Aline de Pétigny, *La Légèreté d'Adélaïde*
Aline de Pétigny, *Lili colère*
Aline de Pétigny, *Le Prince et le Sage*
Aline de Pétigny, *La Princesse et la Bergère et deux autres contes*

TABLE DES MATIÈRES

PRÉFACE 5

PARTIE 1

JE ME SUIS LANCÉ UN CHALLENGE : « J'ARRÊTE DE RÂLER »

CHAPITRE 1

COMMENT TOUT A COMMENCÉ 11

Moi la râleuse 11

Moi et les râleurs 14

Le déclic 15

Merci Gandhi 16

CHAPITRE 2

LA FACE CACHÉE DE NOS RÂLERIES 17

La quête du bonheur 17

Avons-nous peur d'être « différent »en choisissant le bonheur ? 18

Et si on commençait par demander clairement de l'aide 23

Libérons-nous de nos automatismes 24

Râler pour rire 27

Râler et être résigné 28

Râler pour briller 28

Râler pour amener plus de monde à partager notre point de vue 32

Râler pour s'insurger 33

PARTIE 2

CE QUE J'AI APPRIS EN CHEMIN

CHAPITRE 3

CHOISIR LE BONHEUR ... 39

Pas besoin de gagner au loto pour arrêter de râler ... 39

Il est possible d'apprendre à être heureux ... 41

Le challenge « J'arrête de râler », un outil pour se reprogrammer ... 42

Apprendre à vivre dans le présent plutôt que de juger le passé ou espérer le futur ... 44

Apprendre à lâcher prise sur nos pensées négatives ... 47

Savoir lâcher prise dans notre désir de tout contrôler ... 50

Accepter de ne pas toujours savoir ce qui est bon pour nous ... 52

Quand les autres nous énervent ... 57

CHAPITRE 4

COMMUNIQUER AUTREMENT ... 60

Râler creuse un fossé avec les autres ... 60

Râler nécessite moins d'énergie que penser positivement ... 61

De l'importance de ne pas dramatiser ... 64

Apprendre à avoir le mot juste ... 70

Apprendre à dissiper les malentendus qui nous pourrissent la vie ... 71

Apprendre à exprimer ses besoins et ses frustrations autrement ... 73

Remplacer nos râleries par des célébrations ... 78

CHAPITRE 5

PRENDRE SA VIE EN MAIN ... 86

Ne pas reporter à demain ... 86

Il n'y a pas de victime heureuse ... 89

Libérons les coupables ! ... 91

Faire attention à la pression qui monte… comme dans une cocotte-minute . 93

Savoir anticiper 96
Accepter d'être imparfait 98
Remettre le plaisir au cœur de sa vie 99
Le plaisir par l'exemple 100
Arrêter de râler ou donner, se donner et redonner 106

PARTIE 3

21 JOURS POUR PASSER DE RÂLER À CÉLÉBRER

CHAPITRE 6

LE CHALLENGE, COMMENT ÇA MARCHE ? 115
Le principe 116
Pourquoi 21 jours pour me sevrer d'une habitude ? 117
Apprendre à vivre sans râler 120
Pourquoi porter un bracelet ? 121
Comment reconnaître que je suis en train de râler ? 122
Les premiers jours de mon challenge 124
Les quatre phases du challenge 126
Un challenge pour passer de râler à célébrer 129

CHAPITRE 7

QUESTIONS/RÉPONSES 135
Combien de temps va-t-il me falloir pour réussir ce challenge ? 135
Est-ce que nous râlons quand nous éduquons nos enfants ? 137
Et les potins ? 140
En quoi arrêter de râler va créer un changement positif ? 144
Comment puis-je faire pour que quelqu'un arrête de râler ? 148
Et si je connais quelqu'un qui fait le challenge et que je le surprends à râler ? 150
Est-il interdit de râler pour le reste de notre vie ? 151

POUR CONCLURE 155
Après 21 jours… 155
Changez sa vie 156

ANNEXES

LE CHALLENGE ET VOUS 164
Quelques exercices pour arrêter de râler 164

LA COMMUNICATION NON VIOLENTE 179

RESSOURCES 184

Achevé d'imprimer : EMD S.A.S.
N° d'éditeur : 4251
N° d'imprimeur : 28467
Dépôt légal : août 2013
Imprimé en France

*Cet ouvrage est imprimé - pour l'intérieur - sur papier Edixion 100 g des papeteries UPM,
dont les usines ont obtenu la certification environnementale ISO 14001 et opèrent conformément aux normes ECF et EMAS*